Heinrich Schurtz

Grundriss einer Entstehungsgeschichte des Geldes

Heinrich Schurtz

Grundriss einer Entstehungsgeschichte des Geldes

ISBN/EAN: 9783743302648

Hergestellt in Europa, USA, Kanada, Australien, Japan

Cover: Foto ©ninafisch / pixelio.de

Manufactured and distributed by brebook publishing software
(www.brebook.com)

Heinrich Schurtz

Grundriss einer Entstehungsgeschichte des Geldes

Beiträge

zur

Volks- und Völkerkunde.

Fünfter Band.

Grundriss
einer Entstehungsgeschichte des Geldes.

H. Schurtz.

Weimar
Verlag von Emil Felber
1898.

Grundriss

einer Entstehungsgeschichte

des Geldes.

Von

H. Schurtz.

Weimar

Verlag von Emil Felber

1898.

Inhaltsverzeichnis.

Völkerkunde und Wirtschaftslehre. Natürliches System des Geldes.

Wenn es die Aufgabe der Völkerkunde ist, allen mit ihr verwandten Wissenschaften nunmehr, nachdem diese andern sich längst machtvoll entwickelt haben, eine breitere und festere Grundlage ihrer Theorien zu geben, so wird sie auch die Lehren der Volkswirtschaft in diesem Sinne nachzuprüfen und bald besser zu stützen, bald auf Grund ihrer tieferen Einsicht umzubilden oder ganz zu verwerfen haben. Diese Aufgabe ist nicht immer leicht. Wer oben in dem glänzenden Gebäude wohnt, fragt ungern nach der Sicherheit des Baugrundes und der unteren Mauern, und der Ethnolog, der prüfend mit dem Hammer an den Fundamenten herumklopft, ist ihm unangenehm und lästig. Ist es doch so viel dankbarer, immer neue Stockwerke und Türme aufzusetzen, als zuzugeben, dass das ganze Bauwerk auf schwankendem Grunde ruht, oder gar in die Tiefe zu steigen und dort, fern vom Lärm und Beifall des Tages, die schadhaften Mauern auszubessern.

Die Geschichte des Geldes ist eines der lehrreichsten Beispiele dieses Verhältnisses zwischen der Völkerkunde und einer ihr nahestehenden Wissenschaft. Soweit diese Geschichte von Nationalökonomen geschrieben wird, stützt sie sich nach guter alter Sitte fast ausschliesslich auf die Ueberlieferungen der altklassischen und der neueren

Kulturvölker; diese gelten schlechthin als typisch für die Menschheit. Auf dieser beängstigend schmalen Grundlage wachsen dann die verwegensten Theorien bis in den Himmel, und Gold- und Silbermänner verkünden aus der schwindelnden Höhe dem erstaunten Volke ihre Weisheit. Unter ihrem Lärme wird die Forderung der Völkerkunde, die Basis der Forschung zu verbreitern, zunächst gewiss unbeachtet verklingen, aber sie wird endlich gehört werden müssen, wenn die Verwirrung auf andere Weise nicht mehr zu lösen ist und statt der kämpfenden Interessen wieder einmal die Wahrheit zu Worte kommen darf. Aber auch zu ihrem eigensten Vorteil wird die Völkerkunde sich mit den Fragen beschäftigen, die sich auf die Anfänge und die Entwickelung des Geldwesens beziehen, denn weil der Begriff „Geld", wie wir ihn gebrauchen, eine Errungenschaft der Kultur ist, so stiftet seine kritiklose Anwendung auf einfachere Verhältnisse allerlei Unheil, besonders in den Reiseberichten.

Da der Ausdruck „Begriff" einmal gefallen ist, so mag gleich mit aller Entschiedenheit darauf hingewiesen werden, dass es sich bei einer dem Gebiete der Völkerkunde angehörenden Arbeit niemals um jene messerscharfen Begriffsdefinitionen handeln kann, wie sie den von der Jurisprudenz beeinflussten Wissenschaften herkömmlicherweise als das Ziel aller Forschung vorschweben. Gerade diese Definitionen hindern leicht den Einblick in den Gang der Entwickelung. Ob wir die ersten Anfänge dessen, das wir jetzt als „Geld" bezeichnen, auch schon Geld nennen wollen, oder mit irgend einem anderen Namen belegen, ist äusserst unwesentlich gegenüber dem eigentlichen Problem, das uns beschäftigt, solange wir uns nur bewusst bleiben, dass alle starren Benennungen dem Flusse der Entwickelung nicht gerecht werden können und deshalb in der Völkerkunde nichts weiter als äusserliche Hilfsmittel sind.

Für jeden, der an ethnologisches Denken gewöhnt ist, mag diese Bemerkung sehr überflüssig scheinen, aber die Zahl derer, die aus der Zerlegung der Begriffe das Heil erwarten, statt aus der vorurteilslosen Beobachtung des Werdens und Vergehens, ist leider nur allzugross. Und so sei es denn nochmals ausgesprochen, dass es sich hier nicht um die Frage handelt „Was verstehen wir unter Geld?" sondern um die ganz andere: „Aus welchen Anfängen hat sich das Geld entwickelt und welche Stufen dieser Entwickelung sind jetzt noch nachzuweisen?" Die Antwort auf diese Frage können uns aber nur die Naturvölker geben.

Man kann allerdings nicht behaupten, dass die Ethnologen bis jetzt der Frage besondere Aufmerksamkeit gewidmet hätten. In der Hauptsache hat vom Standpunkte der eigentlichen Völkerkunde aus nur einer das Problem behandelt, Richard Andree, in einem Abschnitte seiner „Ethnographischen Parallelen", die in ihrer mit ungewöhnlichem Fleisse durchgeführten vergleichenden Methode die weitere Behandlung vieler Fragen angebahnt haben und in der Geschichte der Völkerkunde dauernd einen rühmlichen Platz behaupten werden. Das erste, was Andree schaffen musste, war eine möglichst einfache und klare Einteilung des ungeheuren Materials, und er fand sie, indem er die verschiedenen Geldmittel ihrem Stoffe nach in bestimmte Gruppen sonderte und unter die Begriffe Steingeld, Muschelgeld, Zeuggeld, Eisengeld, Salzgeld u. s. w. brachte. Damit war ein vorläufiger Ueberblick gewonnen.

Unabhängig von Andree behandelte bald darauf Franz Ilwof in seiner Schrift „Tauschhandel und Geldsurrogate" (Graz 1882) das Problem. Seine Arbeit bedeutet auf der einen Seite einen Fortschritt über Andree hinaus, indem bereits der Versuch gemacht wird, die ethnographischen Ergebnisse für die volkswirtschaftlichen

Lehren fruchtbar zu machen; leider ist der völkerkundliche Teil der Abhandlung der schwächste, während doch gerade von einer gesunden ethnographischen Grundlage die Neubildung auszugehen hat, und so ist denn die Wirkung der in mancher Hinsicht verdienstvollen Arbeit gering geblieben. Nur der Vollständigkeit wegen ist die Abhandlung „Ueber Geld bei Naturvölkern" von Oskar Lenz (Virchow-Wattenbachs Sammlung gemeinverständlicher wissenschaftlicher Vorträge, N. F. X, 1893, Heft 226) zu erwähnen, da sie sich eng an Andree anlehnt und ausser einigen beachtenswerten Angaben des Verfassers über afrikanische Verhältnisse nichts Neues bringt.

Es dürfte jetzt an der Zeit sein, das Problem der Geldentwickelung weiter zu verfolgen, das seither auffallend vernachlässigt worden ist. Was hier gegeben werden kann, ist natürlich wenig mehr als eine Skizze, die aber doch vielleicht zeigen wird, wie weit die Streitfragen des Tages in ihren Anfängen zurückreichen. Diesen Fragen selbst hier näher zu treten, ist nicht meine Absicht, indes ist schwerlich ein tieferes Verständnis der gegenwärtigen Zustände möglich ohne Kenntnis der einfacheren älteren Formen, und in diesem Sinne soll die vorliegende Abhandlung eine zuverlässige Grundlage bieten. So wenig wir eine Pflanze in ihren gesamten Lebensbedingungen kennen, wenn wir nur die Blätter und Blumen betrachten und die Wurzeln vergessen, so wenig können wir ohne die Hilfe der Völkerkunde hoffen, die eigentlichen Quellen der Einflüsse zu finden, die bis zur Gegenwart das wirtschaftliche Leben bewegen und umzubilden streben. Zum mindesten wird sich ergeben, dass die nationalökonomischen Schlagworte von den aufeinanderfolgenden Stufen der Natural-, Geld- und Kreditwirtschaft nicht entfernt den wirklichen Problemen gerecht werden, und schon das ist ein Fortschritt, der mit der Zeit notwendig andere nach sich ziehen muss.

Die Völkerkunde hat ihre Gesetze, die sich allenthalben geltend machen und deren Kenntnis uns auch bei neuen Fragen den Weg zur Lösung andeutet. Das erste und bekannteste dieser Gesetze lehrt uns, dass niemals eine neue Sitte oder Einrichtung urplötzlich entsteht, sondern dass Anfänge und Keime vorhanden sein und oft lange im Verborgenen wirken müssen, ehe sich vollkommenere Formen herausbilden. So lässt sich denn zunächst vermuten, dass auch der Begriff des Geldes eine lange Entwickelung hinter sich hat. Ferner ist das Vorurteil, dass alle Einrichtungen rein aus zweckbewusstem Nachdenken entspringen müssten, auf Grund ethnologischer Erfahrung entschieden zurückweisen. Wir kennen endlich Kulturbegriffe, wie Religion, Staat, Rechtspflege u. s. w., die gegenwärtig als einheitlich erscheinen, bei genauerer Prüfung sich aber als sehr zusammengesetzt und nur künstlich verschmolzen erweisen, und wir wissen, dass in solchen Fällen der Begriff aus sehr verschiedenen Quellen zusammengeflossen zu sein pflegt und dass wir diese einzelnen Quellen bei Naturvölkern noch gesondert zu beobachten vermögen. Nun ist auch das, was wir gegenwärtig „Geld" nennen, nur eine scheinbare Einheit. Schon eine oberflächliche Betrachtung zeigt, wie das Geld einmal als Wertmesser dient, ferner als Mittel, die Ergebnisse aller Art von Arbeit gewissermassen in derselben Weise aufzuspeichern, wie ein elektrischer Akkumulator das mit den verschiedensten mechanischen Kraftleistungen thut, wie es weiterhin in der Form der Geldstrafen und Steuern rein soziale Aufgaben erfüllt und wie es endlich ein überall willkommenes Tauschmittel ist, das den Handelsverkehr von Person zu Person, von Volk zu Volk ausserordentlich erleichtert.

Suchen wir bei den Naturvölkern nach den Spuren dieser verschiedenen Eigenschaften, so finden wir sie bei denen sich die besondere Aufmerksamkeit des Einzelnen zuwendet und die er dem Allgemeinbesitz zu entziehen sucht. Das Gegenteil ist richtig: Die Gegenstände des praktischen Gebrauchs und vor allem die Nahrungsmittel werden am allerletzten zu unbestrittenen Besitztümern, vielmehr herrscht die Anschauung, dass jeder ein Anrecht an diese Dinge hat und dass solche, die sie im Ueberfluss aufhäufen, sie mit den Bedürftigen des eigenen Stammes ohne weiteren Dank oder Entschädigung zu teilen haben. Wo Angehörige kultivierter Völker in einfache und rohe Verhältnisse versetzt werden, wie etwa die ersten Ansiedler im Urwald oder der Prärie, entsteht alsbald eine Art Gütergemeinschaft, die alle praktischen und brauchbaren Dinge umfasst, und die erst wieder verschwindet, sobald die Möglichkeit geschaffen wird, Nahrungsmittel, Werkzeuge u. dergl. in der Nähe zu kaufen. Anschauungen dieser Art sind bei den meisten Naturvölkern nachzuweisen, und die Galaktophagen des Altertums, bei denen mit Ausnahme der Waffen alles Gemeingut war[1]), haben noch heute ihre Parallelen. Wenige Beispiele aus verschiedenen Teilen der Erde mögen genügen:

Auf den Tonga-Inseln war es nach Mariner's Zeugnis jedem erlaubt, zur Essenszeit in jedes beliebige Haus einzutreten und an der Mahlzeit teilzunehmen, und nichts erregte so sehr das unwillige Erstaunen einiger nach Sidney mitgenommener Tonganer, als dass dort niemand sie zum Mitessen einlud[2]). Unter den mongolischen Stämmen waren alle geniessbaren Gegenstände nahezu Gemeingut, jeder teilte mit der grössten Freigebigkeit davon mit, während man andere Besitztümer oder lebendes

---

[1]) Strabo, VII, 300.
[2]) Mariner, Nachrichten über die Tonga-Inseln, S. 75, 236, 562.

Vieh nur ungern hingab [1]). Bei den Kaffern konnte sich
an den Mahlzeiten der Häuptlinge nach Lichtenstein's
Angabe jeder Beliebige beteiligen, und wenn irgendwo ein
Ochse geschlachtet wurde, war es ganz selbstverständlich,
dass alle, die sich in der Nähe befanden, ohne besondere
Einladung das Fleisch mit verschmausen halfen. Von den
Sotho in Transvaal erzählt Endemann: „Dem Europäer
wird diese Sitte oft unbequem. Wenn er Arbeiter aus
dem Sotho hat und dieselben setzen sich zum Essen, so
ist es ihre Gewohnheit, jeden Beliebigen, der dazu kommt,
mit essen zu lassen; sie können es nicht begreifen, wenn
der Arbeitgeber, weil ihm sonst zu viel draufgeht, dies
nicht ohne weiteres gestatten will." Auch von den Loango-
negern rühmt Güssfeldt die Bereitwilligkeit, mit der sie
untereinander ihr Essen teilen [2]). In der im Orient und
selbst in Spanien herrschenden Sitte, wenigstens formell
die Zuschauer zur Teilnahme an der Mahlzeit einzuladen,
ist noch ein Rest dieses Kommunismus lebendig.

Es ist eines der anziehendsten Bilder, wie gegenüber
der übermächtigen Geschlechts- und Stammesgemeinschaft
sich nach und nach die Persönlichkeit des Einzelnen zur
Geltung bringt, teils indem sie eine innere Selbständigkeit
des Charakters und der Vorstellungen gewinnt, teils auch,
indem sie eine Zone des Einflusses um sich schafft und
Personen wie Dingen auf mancherlei Art den Stempel
ihres Wesens aufdrückt. Die Gegenstände aber, die
der Einzelne nach eigener Willkür beeinflusst und
umgestaltet, sind der Anfang seines persönlichen
Besitzes. In den Formen der Geräte und Waffen, wie

---

[1]) Pallas, Histor. Nachrichten über die mongol. Völkerschaften,
I, S. 105.

[2]) Lichtenstein, Reisen im südl. Afrika, I, S. 450; Endemann in Ztschr. für Ethnologie, 1874, S. 34; Güssfeldt, a. a. O.
1876, S. 210.

sie die Hand des Menschen schafft, spiegelt sich sein
inneres Dasein, sie sind ein Teil seines Wesens und darum
ihm in ganz anderer Weise zugehörig als eine Frucht, die
er vom Baume pflückt oder ein Jagdtier, das sein Pfeil
niederstreckt. Wenn M. Röder[1]) sagt: „Arbeit erzeugt
zwischen dem Menschen und dem Gegenstand, den er um-
geformt hat, eine viel engere Beziehung als die blosse
Besitzergreifung", so drückt er damit den Grundzug der
Erscheinung nur unvollkommen aus, denn nicht die blosse
körperliche Arbeit, die ja auch mit einer einfachen Besitzergreifung verbunden sein kann, ist das Entscheidende,
sondern die geistige Beschäftigung mit dem Gegenstande,
die in dem Umbilden der Form durch körperliche Arbeit
nur ihren äusseren Ausdruck findet. Wie dann auch alsbald mystische Vorstellungen ein noch engeres Band
zwischen dem Menschen und seinem Werke schlagen,
darauf hat bereits Karl Bücher[2]) in treffender Weise
hingewiesen. „Das Arbeitsprodukt", sagt er, „ist sozu-
sagen ein Teil des Menschen, der es erzeugt hat. Wer es
einem anderen überlässt, entäussert sich eines Teiles seiner
selbst und giebt den bösen Mächten Gewalt über sich."

Im Grunde ist das erste, was dem Menschen als persönliches Eigentum bewusst wird, der eigene Körper, und
daraus ergiebt sich, dass auch alles, was den Körper zu
verändern oder zu verschönern bestimmt ist, am frühesten
als Privatbesitz empfunden wird. Das mit Lehm kunst-
voll zusammengeklebte Haar kann gewiss von keinem
Stammesgenossen des Besitzers in Anspruch genommen
werden, aber auch den hölzernen Kamm, den er sich ge-
schnitzt und ins Haar gesteckt hat, wird ihm nicht so
leicht ein anderer nehmen dürfen: wer ihn haben will,
muss bitten oder sich zu einer Gegengabe entschliessen.

---

[1]) Grundzüge des Naturrechts, § 79.
[2]) Entstehung der Volkswirtschaft, S. 17.

So wird denn der Schmuck am frühesten zum Sonderbesitz, und nicht nur der Schmuck des eigenen Körpers ist so zu nennen; auch die Verzierungen der Geräte und Waffen, die Geschmack und Laune des Einzelnen anbringen, haben eine besitzverleihende Macht. Ornamente werden leicht zu Eigentumsmarken, ja sie erlangen, da sie sich häufig auf mystische Ideen beziehen, zugleich einen besonderen, intimen Wert für den Besitzer, sowie ja auch der Schmuck leicht in das schützende oder zauberkräftige Amulett übergeht. Erwägen wir noch, dass zahlreiche Schmucksachen zugleich Erinnerungen an persönliche Heldenthaten im Kriege oder auf der Jagd sind, so haben wir eine ganze Anzahl einzelner Beweggründe vereinigt, die es erklärlich machen, dass die ersten privaten Besitzrechte sich auf den Schmuck des Körpers und die durch Menschenhand verzierten Waffen und Gerätschaften erstrecken.

Hier und dort ist man noch nicht über diese Stufe der Entwickelung hinausgekommen. Von den Indianern Brasiliens sagt v. Martius: „Für Privateigentum, ohngefähr so, wie bei unseren Vorfahren des Mannes Heergerät und des Weibes End und Gebänd, hält der Mann seine Waffen und seinen Schmuck, die Frau ihren Schmuck und, wenn sie solche besitzt, Kleidungsstücke, welche ihr übrigens auch nur Zierraten sind. Alles übrige: Hangmatten, Töpfergeschirre, Geräte zur Mehlbereitung u. dergl. ist Eigentum der Familie." Das ist auch anderwärts so, und oft weiss die Frau mit grosser Entschiedenheit ihr Recht geltend zu machen: eine Frau von der Teste-Insel (Neuguinea) fiel mit dem Stocke über ihren Mann her, der heimlich ihren Schmuck an Europäer verhandelt hatte, und zwang ihn, das dafür erhaltene Stück Bandeisen an sie herauszugeben [1]). Ganz besonders interessant ist es,

---

[1]) v. Martius, Rechtszustand unter den Ureinwohnern Brasiliens, S. 41; Chalmers u. Gill, Neuguinea, S. 20.

wie das Eigentum der Frauen, das im allgemeinen langsamer und später entsteht als das der Männer, immer zuerst und oft ausschliesslich den Schmuck umfasst, ja wie dieser mit Umgehung der Männer sich auf die weiblichen Nachkommen vererbt, mag er auch aus kostbaren und begehrenswerten Stoffen bestehen, die den Neid der männlichen Erben herauszufordern scheinen. Bei den Arabern der Sahara ist diese Sitte allgemein, sodass manche Frauen ein beträchtliches Kapital in Form von Gold- und Silberschmuck besitzen [1]). Auf der polynesischen Insel Nauru lässt sich dieselbe Sitte nachweisen. „Als von der Frau Eingebrachtes", berichtet Jung, „gelten ihre Schmucksachen und Kostbarkeiten. Diese fallen bei dem Tode stets der ältesten Tochter zu, und ist keine Tochter in der Familie, so werden dieselben vergraben oder ausserhalb des Riffs in das Meer versenkt." Aehnliches erzählt Petherick von den Dinka am oberen Nil [2]).

Was der Einzelne für sich umschafft, was er also vom Allgemeinbesitz dadurch absondert, dass er einen Teil seines Wesens darauf überträgt, hat zunächst nur für ihn selbst einen bestimmten, mit dem Zweck und Nutzen der Sache meist durchaus nicht übereinstimmenden Wert, der überdies noch völlig von der augenblicklichen Laune des Besitzers abhängt. Allein gerade diese launenhafte Schätzung hat doch wieder ihre Hauptursache in dem Einfluss der Stammesgenossen, die zwar darauf verzichten, an den Sonderbesitztümern teil zu haben, deren Urteil aber den Wert des Besitzes mitbestimmt. Wenn ein junger Mann sich einen Muschelschmuck fertigt, so will er sich gewiss nicht allein an ihm freuen, sondern er will den Neid seiner Gefährten und den Beifall der Frauen heraus-

---

[1]) v. Maltzan, Drei Jahre im Nordwesten Afrikas, III, S. 118.
[2]) Mitt. a. d. deutschen Schutzgebieten, X, S. 67; Petherick, Egypten, S. 392.

fordern, und gelingt ihm das, so erlangt auch der Schmuck
einen hohen Wert für ihn; aber dieser Wert kann plötzlich auf Null herabsinken, wenn ein anderer durch einen
originelleren Schmuck die Aufmerksamkeit aller an sich
fesselt. Es ist das ganz die Art, wie ein Kind sein Spielzeug erst nicht aus der Hand lassen mag und dann acht-
los in die Ecke wirft, und da es sich ja thatsächlich zunächst um Erzeugnisse des spielenden Kunsttriebes handelt,
ist diese Aehnlichkeit wohl zu beachten.

Unterliegt somit der Privatbesitz gerade in seinen
Anfängen am stärksten dem Urteil der Stammesgenossen,
so wird er natürlich auch leicht ein Gegenstand der Sehn-
sucht für die, deren Beifall er findet. Ein gewisser Besitz-
wechsel wird auf diese Weise angeregt. Durch Schenkung,
Raub, Diebstahl oder Tausch geht ein begehrenswertes
Eigentum in andere Hände über, ohne dass sich freilich
auf diese Weise schon eine geregelte Form des Umsatzes
herausbildet. Bedeutungsvoller ist zunächst eine andere
Wirkung des allgemeinen Beifalls: Mag man es auch
verschmähen, den Gegenstand selbst seinem Eigentümer
auf irgend eine Art zu entziehen, so ist dafür die Idee,
die in dem Schmuck oder dem Gerät verkörpert ist, durch
kein Patent gegen Nachahmung geschützt, und wenn nur
sonst der Grundstoff vorhanden ist, vermag jeder den viel-
begehrten Gegenstand in ähnlicher Form neuzuschaffen, —
der Nachahmungstrieb der Menschen tritt in seine Rechte,
und damit beginnt über den Wert gewisser Besitztümer
nicht mehr die wechselnde Laune des Einzelnen, sondern
die konservativere Stimmung des ganzen Stammes zu
entscheiden. Manches taucht als flüchtige Mode auf und
verschwindet wieder, anderes dagegen wird zur feststehen-
den oder doch nur langsam sich wandelnden Sitte. So
zerfällt denn insbesondere die Fülle des körperlichen
Schmuckes allmählich in zwei grosse Gruppen: Die eine

umfasst die Arten des Schmuckes, die augenblicklich bei einzelnen oder auch bei allen beliebt sind, aber dem wechselnden Geschmacksurteil unterliegen, die andere dagegen das wenige, was dem Wechsel der Mode entzogen und gewissermassen zum festen Abzeichen des Stammes geworden ist. Diese letzte Art nun bildet die Grundlage des Binnengeldes, da die langdauernde und gleichmässige Schätzung sie zum Wertmesser geeignet macht.

Ist diese Grundlage einmal gewonnen, so beginnt sich auch der Begriff des Reichtums zu entwickeln. In völlig primitiven Verhältnissen kann der Einzelne weder Landbesitz erwerben, noch nützt ihm bei der allgemeinen Gütergemeinschaft das Anhäufen von Speisevorräten und anderen praktisch brauchbaren Dingen; dem Ansammeln von Schmucksachen dagegen sind keine bestimmten Grenzen gesetzt, vor allem bei sesshaften Stämmen, die nicht genötigt sind, ihr Eigentum beständig mit sich zu führen. Die Eigenart des Stoffes bringt es mit sich, dass die Neigung zu andauernder Vermehrung des Besitzes durch Vernunftgründe nur wenig beschränkt wird. Unsinnige Mengen von Nahrungsmitteln anzuhäufen, die niemals völlig verzehrt werden können und schliesslich zwecklos zu Grunde gehen, hütet sich jeder; Schmucksachen dagegen haben eine unbegrenzte Dauer und die Möglichkeit, sich bald mit diesem, bald mit jenem Stück behängen zu können, bietet eine unbegrenzte und wohlthuende Aussicht in die Zukunft. Es bedarf weiter keines Anstosses, um den Sammeltrieb in Thätigkeit zu setzen, dessen unwiderstehliche Macht sich ja auch in zahllosen anderen Erscheinungen zeigt und dem eine höchst wichtige Rolle bei der Entwickelung des Geldes zufällt [1]).

---

[1]) Vgl. darüber meine Abhandlung in den „Deutsch. Geograph. Blättern". 1896, H. 3.

Sobald es unter den Schmucksachen solche giebt, die allgemein geschätzt werden, wird dadurch auch die Möglichkeit eröffnet, sich durch Schenken derartiger Dinge die Gunst und Hilfe anderer zu erkaufen. Zunächst wird das nur gelegentlich und systemlos geschehen, aber die sozialen Verhältnisse des Stammes werden bald dahin wirken, dass der Umsatz lebhafter und regelmässiger wird. Die Sitte des Brautkaufs entwickelt sich fast überall aus der Anschauung, dass Kinder weiblichen Geschlechts Eigentum der Eltern sind und nur im Austausch gegen anderes Privateigentum hingegeben werden; noch wichtiger ist die Entstehung der Steuern.

In primitiven Verhältnissen hat der Häuptling, der in Friedenszeiten oft ganz in den Hintergrund tritt, meist nur geringe oder so gut wie gar keine Ansprüche auf besondere Einkünfte; allenfalls fällt ihm ein ausgesuchtes Stück der Jagdbeute zu, man sorgt allgemein für seinen Unterhalt, aber von Steuern im eigentlichen Sinne ist nicht die Rede [1]. Derartige Zustände sind noch heutzutage zu beobachten oder doch erst unvollkommen beseitigt. Häuptlinge im Hinterlande von Liberia dürfen nur im Kriegsfalle Steuern erheben [2], selbst im nordöstlichen Afrika werden vielfach nur freiwillige Gaben eingesammelt, wenn der Häuptling Geld braucht [3]. Bei den Indianern Brasiliens erhalten die Häuptlinge weder Abgaben noch Geschenke, sondern nur einen grösseren Anteil an der Kriegsbeute [4]. Der Zwiespalt zwischen Macht und Recht führt hier und da zu der traurigen Sitte, dass der Fürst Plünderungszüge im eigenen Lande

[1] Viele Beispiele bei Post, Afrikan. Jurisprudenz, I, S. 262.
[2] Büttikofer, Liberia, II, S. 195.
[3] Paulitschke, Ethnographie Nordost-Afrikas, II, S. 134.
[4] v. Martius, Rechtszustand, S. 23.

unternimmt, um seine Kassen zu füllen [1]), oder Diebe in
seinem Gefolge hat, die auf seine Rechnung stehlen [2]).
Auf Tahiti plünderten die königlichen Diener, wenn die
Steuern, deren Höhe nicht bestimmt vorgeschrieben war
und die eher Geschenke heissen konnten, nicht ausreichten,
das Volk schonungslos aus, und der König liess, wenn die
Eingeborenen mit Europäern Handel trieben, die eingetauschten Gegenstände einfach konfiszieren. Im Gegen-
satze dazu war wieder im Reiche Kalambas, des Baluba-
fürsten, die Steuererhebung nicht viel mehr als eine Art
organisierter Bettelei [3]).

Fast überall indessen wird auf einem Umwege das
Ziel erreicht, einen Teil der von Privatpersonen auf-
gesammelten Besitztümer in die Hände der Häuptlinge zu
bringen, und zwar geschieht dies in der Form von Geldstrafen, die in diesem Sinne auch der Anfang oder doch
der Anstoss zur eigentlichen Besteuerung sind. Sobald
sich ein nennenswerter Privatbesitz herausbildete, war die
Möglichkeit gegeben, körperliche Strafen durch Hingabe
dieses Besitzes abzukaufen; dass man nicht zögerte, diesen
Weg zu betreten, wurde durch verschiedene Umstände
begünstigt. Einmal war nunmehr eine genauere Abstufung
und Abwägung der Strafen möglich, wie sie wenigstens
bei Völkern mit fortschreitender Kultur ohnehin zur Notwendigkeit wurde, ferner konnte dem Beschädigten ein
wirklicher Ersatz für seinen Schaden anstatt der blossen

---

[1]) So in Dahomeh nach **Ellis**, The Ewe speaking peoples, S. 174;
Lafitte, Le Dahomé, S. 95; und bei den Afar nach **Paulitschke**,
a. a. O. II, S. 134; Vgl. auch **Hecquard**, Reise nach Westafrika,
S. 280.

[2]) In Dahomeh nach **Ellis**, a. a. O., S. 173; In Aschanti nach
Hutton, Voyage dans l'interieur de l'Afrique, p. 297.

[3]) **Ellis**, Polynesian researches, II, p. 375; **Pogge** in Mitt.
der Afrikan. Gesellschaft, IV, S. 183.

Befriedigung des Rachegefühls geboten werden, und end-
lich war der als Richter angerufene Häuptling imstande,
sich einen Teil der gezahlten Busse als Honorar für seine
Bemühung anzueignen oder, falls kein Beschädigter vorhanden war, die Strafsumme ohne weiteres einzustreichen.
So entwickeln sich vielfach die ersten unmittelbaren Einkünfte des Häuptlings, die oft auch seine einzigen bleiben [1]).
Dass dann oft das ganze Gerichtsverfahren nur noch den
Zweck zu haben scheint, aus den streitenden Parteien das
Möglichste herauszupressen, ist natürlich genug. Zugleich
steigt das Ansehen des richtenden Häuptlings, die Gewohnheit bürgert sich ein, ihn durch regelmässige Geschenke
günstig zu stimmen, und durch Vermittelung dieses Ge-
wohnheitsrechtes bildet sich allmählich die wirkliche Besteuerung des ganzen Volkes heraus; als Zahlungsmittel
aber bieten sich von selbst jene allgemein und dauernd
geschätzten Besitztümer dar, die nunmehr in ihrer neuen
Verwendung thatsächlich den Namen des Geldes verdienen.
Wo keine äusseren Beziehungen fördernd hinzutreten, wird
das Geld in der Hauptsache noch für Strafzahlungen verwendet, wie das z. B. Semper von dem merkwürdigen
Binnengelde der Palau-Inseln ausdrücklich bezeugt [2]):
jede Art von Bezahlung heisst dort noch heute kurzweg
„Strafgeld" [3]). Selbst bei vorgeschritteneren Völkern
kommen Geldstrafen noch als regelmässige Einnahme-
quelle vor; ein grosser Teil der Einkünfte der vandalischen
Könige in Nordafrika floss aus den Strafgeldern, die von den
hartnäckigen Katholiken, also der Mehrzahl der Unterthanen.

---

[1]) Bei den Battak nach Hagen (Tijdschrift v. Ind. Taal-, Land-
en Volkenk., 1886, p. 344).

[2]) Semper, Die Palau-Inseln, S. 181.

[3]) Kubary, Ethnograph. Beiträge zur Kenntnis des Karolinen-
Archipels, S. 9.

den arianischen Herrschern gezahlt werden mussten, ja diese Ausbeutung der Katholiken wurde eine Art Regal [1]).

Indem durch Strafgelder, Steuern und regelmässige Geschenke gewisse Privatbesitztümer beweglich gemacht werden, bilden sie sich zu einer sozialen Macht um, die das ganze innere Leben des Stammes beeinflusst. Fest eingebürgerte Sitten und Gebräuche erliegen dieser neuen Macht, starre Formen lockern sich unter ihrem Einflusse; nicht nur der Verbrecher gegen Recht und Herkommen entzieht sich der sonst unvermeidlichen Vernichtung; auf manchen Inseln Polynesiens vermag auch die geängstigte Mutter durch Geld das Leben ihres überzähligen Kindes zu erkaufen, das altem Brauche nach zum Tode bestimmt war [2]). Die Machtverhältnisse innerhalb des Stammes verschieben sich; neben den Häuptling treten nunmehr auch andere Persönlichkeiten, deren Dienste durch Zahlungen erkauft werden müssen, so vor allem der Priester oder Zauberer, der Krankheiten heilt, den Regen herbeiruft oder die Zukunft voraussagt; der Vater einer schönen Tochter entäussert sich dieses Besitzes nur gegen eine entsprechende Entschädigung, und je mehr der alte Kommunismus dahinschwindet, desto zahlreicher werden die Leistungen und Dinge, die nur noch für Geld zu haben sind. Gerade das Geld ist es hauptsächlich, das den Kommunismus zerstört. jeder ist gezwungen, Geldmittel für die unvermeidlichen Zahlungen aufzubringen, und da der Einzelne durchaus nicht in allen Fällen imstande sein wird, selbst Geld zu fertigen, ja da dies im Laufe der Entwickelung oft geradezu unmöglich gemacht wird, so muss er immer mehr seine Arbeit und deren Ergebnisse dem Allgemeinbesitz entziehen und für jede Leistung zu Gunsten anderer eine

---

[1]) **Papencordt**, Geschichte der vandalischen Herrschaft in Afrika, S. 268.

[2]) **Hedley**, The Atoll of Funafuti, I, p. 54.

Entschädigung in Geld verlangen. So entsteht denn ein Umlauf des Binnengeldes innerhalb des Stammes, während es nach aussen hin im Verkehr mit anderen Stämmen nicht zu brauchen ist.

Typischem Binnengelde begegnen wir besonders in Melanesien und Mikronesien. Die zahlreichen Arten des melanesischen Muschelgeldes gehören hierher, besonders aber die merkwürdigen Geldsorten der Carolinen, die nicht dem Aussenhandel dienen, sondern ausschliesslich auf gewissen Inseln verwendet werden, und über deren soziale Bedeutung Kubary berichtet. „Für den Hauptzweck", sagt er, „der bei uns das Geld unentbehrlich macht, also für den Unterhalt des Lebens, bedürfen die Insulaner keines Geldes, denn alle sind hier Selbstproduzenten. Die Industrie und die Künste haben sich in der Thätigkeit des Volkes noch wenig differenziert und sind noch im Besitze der Gesamtheit desselben, Luxusausgaben im höheren Sinne sind hier also unbekannt. Und doch spielt das Geld hier im Leben des Einwohners die Hauptrolle. Der Mensch, als Tier aufgefasst, hat hier genug zum Lebensunterhalte, will er aber eine Frau haben, Familie gründen, Mitglied eines Staates sein, so muss er Geld besitzen. Die Existenz einer Gemeinde als politischer Staat hängt von dem Gelde ab, welches die Häupter der Familien besitzen. Die Verhältnisse der exogenetischen Ehe können nur durch einen anhaltenden Güter- oder Geldaustausch unterhalten werden. In Wirklichkeit hat der anscheinend so sorglose Sohn der Natur weit mehr Sorgen, als ein fleissiger Arbeiter bei uns, der, wenn er seinen Pflichten gegen den Staat genügt hat, sein eigener Herr ist und nur für seine eigene Familie zu sorgen hat."

In Melanesien kommt hinzu, dass auch der Eintritt in die geheimen Gesellschaften und damit die Besserung

2*

der sozialen Stellung durch Geld erkauft werden muss[1]),
und es ist ganz verständlich, dass durch diese mannig-
faltigen Zwangsverhältnisse, die die Beschaffung von Geld
zeitweilig zur Pflicht machen, ein bedeutendes Uebergewicht
der Reichen über die Armen angebahnt und hier und da
auch rücksichtslos ausgenutzt wird. Der Arme muss
borgen und wird dadurch von seinem Gläubiger abhängig.
Der Gedanke, dass für das Ausleihen von Geld ebensogut
eine Entschädigung zu zahlen ist wie für alle möglichen
anderen Leistungen, liegt nahe, und selbst bei Stämmen,
deren innere Geldverhältnisse sich ziemlich unbeeinflusst
vom Aussenhandel entwickelt haben, müssen bestimmte
Zinsen von den Schuldnern entrichtet werden; Gebräuche
dieser Art finden sich auf den Palau-Inseln[2]) und im
Bismarck-Archipel[3]), ja auf einigen der Salomonen herrscht
der Missbrauch, dass ein reicher Mann andere zwingen
kann, Geld von ihm zu borgen, wodurch er sie unter
seinen Einfluss bringt[4]). Da in diesen Fällen die korrigierende Wirkung des Aussengeldes fehlt, sind die Zinsen
oft unsinnig hoch. Auf Nias verdoppelt sich die Schuld
alljährlich, und es kommt vor, dass die Mitglieder einer
ganzen Familie zu Sklaven werden für die ursprüngliche
Schuld von einem Stück Messingdraht[5]).

Je wichtiger nun das Geld wurde und je mehr die
soziale Stellung vom Besitz grösserer Reichtümer abhing,
desto weniger schien es angemessen, dass die Anfertigung
des Geldes innerhalb des Stammes erfolgte. Solange jeder
imstande war, selbst Geld in beliebiger Menge herzustellen,

---

[1]) Codrington, The Melanesians, p. 323; Finsch, Ethnolog.
Erfahrungen, I, S. 115.
[2]) Kubary, Beiträge, S. 9.
[3]) Finsch, Ethnolog. Erfahrungen, I, S. 95.
[4]) Codrington, The Melanesians, p. 326.
[5]) Rosenberg, Der malayische Archipel, S. 162.

konnte die Machtstellung der Reichen und der Häuptlinge leicht erschüttert und der soziale Aufbau der Gesellschaft gestört werden. Einigermassen liess sich das noch ertragen, wenn das Umlaufsmittel schwer herzustellen war, wie das jDiwarra des Bismarck-Archipels, dessen Hauptmasse denn auch aus alter Zeit stammt und nur unbedeutend vermehrt wird [1]. Aber bei einer ganzen Anzahl melanesischer Muschelgeldsorten begegnet uns das auffällige Verhältnis, dass dort, wo man die Muscheln findet und die Geldscheibchen herstellt, dieses Geld nicht im Verkehr ist, sondern dass es als Handelsware nach benachbarten Gegenden ausgeführt und erst dort in Umlauf gebracht wird. Besonders auf den Salomoinseln sind dergleichen Zustände nachgewiesen [2]. In Ibo am Niger, wo Kaurimuscheln nicht ,in Zahlung genommen werden, beschäftigt man sich mit dem Aufreihen durchbohrter Kauris an Schnüre, und diese Schnüre werden dann nach Bonny ausgeführt, wo sie als Geld kursieren [3]. Auf den Carolinen ist dagegen vorwiegend altes Geld im Verkehr, dessen Herkunft unbekannt ist und das niemand mehr nachzuahmen vermag.

---

[1] Finsch, Ethnolog. Erfahrungen, I, S. 95.

[2] Vgl. die Angaben D. Ramiés in Bull. of the Queensland Branch Geogr. Society, VI, p. 58; ferner Codrington, The Melanesians, p. 325; Eckardt im Globus, Xp. 39, S. 377.

[3] Köler, Notizen über Bonny, S. 118.

Formen des Binnengeldes.

Das eigentlich Charakteristische des Binnengeldes ist die allgemeine Wertschätzung, die es geniesst, und seine Dauerhaftigkeit, die die Ansammlung von Reichtümern gestattet; dagegen wird weder Leichtigkeit noch allgemeine Nutzbarkeit von ihm verlangt, die erstere nicht, weil das Gebiet seiner Geltung beschränkt ist und weite Transporte überflüssig sind, die zweite nicht, weil seine Wahl vielmehr eine Sache der Laune und des Geschmackes als eine der praktischen Vernunft zu sein pflegt. Infolgedessen sind groteske Auswüchse des Binnengeldes zu beobachten, wie das merkwürdige Steingeld der Carolinen, das aus zentnerschweren mühlsteinartigen Arragonitstücken besteht und in waghalsigen Fahrten von den Palau-Inseln geholt wird [1]). Wahrscheinlich hat Finsch recht, wenn er in ihm eine kolossale Nachbildung der als Umlaufsmittel dienenden kleinen Muschelscheibchen sieht. Die riesenhaften Steine sind eine Verkörperung des Reichtums und der Macht, und obwohl sie praktisch nicht den geringsten Nutzen haben und die grösseren unter ihnen nur äusserst selten ihren Inhaber wechseln, so gewährt doch ihr Besitz ein Ansehen, das von allen Seiten rückhaltlos anerkannt wird.

Wenn einmal die alte Gütergemeinschaft durchbrochen ist, dann können auch alle möglichen anderen Dinge, die

---

[1]) Kubary, Ethnograph. Beiträge, S. 4; Katalog des Museums Godeffroy, S. 20; Hernsheim, Südsee-Erinnerungen, S. 19.

einen wirklichen oder phantastischen Wert haben, in ähnlicher Weise zu „Geld" werden, indem sich in und mit ihnen Macht und Ansehen aufspeichern lässt. Viele afrikanische Häuptlinge sammelten früher, ehe noch der europäische Handelsverkehr zu ihnen vorgedrungen war, ungeheuere Massen von Elfenbein, ohne es im übrigen weiter zu verwenden[1]): alte chinesische Porzellangefässe, denen durch ihre Beziehung zum Totenkult noch eine besondere Heiligkeit innewohnt, sind der höchste Reichtum der Dayak auf Borneo[2]). In manchen Gebieten Hinterindiens und des malayischen Archipels treten dafür alte Bronzepauken ein, die vielleicht auch chinesischen Ursprungs sind[3]), in anderen Teilen des Archipels bronzene Kanonen[4]).

Allen diesen halb oder ganz imaginären Werten, die man in gewissem Sinne schon Binnengeld nennen darf, steht indessen der lebendige Geldbesitz voran, der sich in Vieh und Sklaven verkörpert; während jene anderen in Binnengeld angelegten Reichtümer leicht ihre Geltung verlieren, sobald ein lebhafterer Verkehr neue Anschauungen ins Land bringt und das Wesen des Geldes, wie wir unten sehen werden, aufs entschiedenste umgestaltet, bleibt der Wert des Viehes und der Sklaven, da er durchaus real ist, durch diese Einflüsse unerschüttert. Vor allem aber sind lebendige Wesen ein unmittelbar zinstragendes und sich selbständig vermehrendes Kapital: die Milch der Rinderherde und die Feldarbeit der Sklaven

[1]) Casati, Zehn Jahre in Acquatoria, I, S. 136.
[2]) Vgl. u. a. Journal of the China Branch Roy. Asiat. Soc., 22, p. 176 ff.; Schmeltz im internat. Archiv für Ethnogr., III, S. 29; Grabowsky in Zeitschr. für Ethnol., 1885, S. 121; Bock, Unter den Kannibalen auf Borneo, S. 225.
[3]) G. K. Niemann in Bijdr. tot te Taal-, Land- en Volkenkunde v. Nederl. Indie, 1895, p. 346 ff.
[4]) Ausland, 1865, S. 1050.

entheben den Besitzer der Sorge um den täglichen Unterhalt, und solange nicht Krankheiten eintreten und das Weideland ausreicht, sind der Vermehrung des Viehes und damit des Reichtums keine Grenzen gesetzt. Noch unbeschränkter kann unter Umständen die Zahl der Sklaven wachsen, da sie sich nicht nach dem vorhandenen nutzbaren Ackerland zu richten braucht, das von Sklaven bebaut werden kann; Verwendung grosser Mengen von Sklaven im Gewerbe und Handel kommt selbst in wenig kultivierten Ländern vor. Ein Häuptling aus Nyangwe am oberen Kongo entwickelte Cameron gegenüber[1] seine Ansicht, dass es vernünftiger wäre, seinen Handelsgewinn in Sklaven als in Schmuckgeld niederzulegen, in naiver aber treffender Weise. Wenn er eine Menge Kaurimuscheln nach Hause brächte, erklärte der vorsichtige Mann, so würden seine Frauen sie nehmen und sich damit schmücken, er aber hätte nichts; Sklaven dagegen wären sofort zu gebrauchen und blieben nicht müssig liegen, während die Kauris so lange nichts einbrächten, bis er sie gegen Sklaven vertauscht hätte.

So finden wir denn auch in den ersten Zeiten des klassischen Altertums Rinder und Schafe als Wertmesser und Reichtümer, also als Binnengeld im eigentlichsten Sinne, das freilich, da es allenthalben geschätzt wurde, auch schon als Tauschmittel eine gewisse Bedeutung hatte. Wie wenig man indessen, auf diese vereinzelte Thatsache fussend, berechtigt ist, das Viehgeld als den Anfang der Entwickelung zu bezeichnen, dürfte sich aus den bisherigen Ausführungen wohl ergeben haben. Noch schroffer als Binnengeld entwickelt und dem Tauschverkehr überhaupt unzugänglich erscheint der Rinderreichtum mancher afrikanischer Stämme, wie der Herero oder der Dinka; noch Emin Pascha sah sich gezwungen, durch Raubzüge das

[1] Quer durch Afrika, II, S. 7.

zur Ernährung seiner Truppen nötige Vieh einzubringen, da Rinder um keinen Preis von den Eingeborenen abgegeben wurden [1]). Bei den Kru dagegen wechseln die wenigen vorhandenen Rinder, die zum Brautkaufe unentbehrlich sind, deshalb beständig ihre Besitzer und ihren Aufenthaltsort [2]).

Erscheint auf der einen Seite das Binnengeld in seiner Eigenschaft als Wertbesitz oft in ruhender und unhandlicher Form, so tritt es als Wertmesser dagegen in ein enges Verhältnis zu den Anfängen von Mass und Gewicht, ja ist häufig der Anstoss zur Schaffung eines wirklichen Mass- und Gewichtssystems, sowie wahrscheinlich auch zur sprachlichen Erweiterung der Zahlenreihe. Edelmetalle werden in China noch heute fast ausschliesslich gewogen, wie auch nach Einführung der Silberwährung das Gold im alten Rom noch lange in ungeprägter Form umlief [3]). Andererseits liefern wieder die Münzen der Kulturvölker manchen Stämmen die Gewichtseinheit, wie der bekannte Maria-Theresiathaler, der in Abessinien als Normalgewicht gilt [4]). Eine Landesmünze, die zugleich die Gewichtseinheit darstellt, ist der siamesische und birmanische Tikal [5]), und dasselbe gilt von dem Schekel der alten Hebräer. Das an Schnüren aufgereihte Muschelgeld fordert dagegen die Schaffung eines Längenmasses, das von kalifornischen Indianern sogar zur dauernden Benutzung auf den Arm tätowiert wird [6]). Häufiger wird der Arm selbst als Massstab gewählt [7]), und es ist sehr wahrschein-

---

[1]) Vita Hassan, Die Wahrheit über Emin Pascha, S. 81.

[2]) Wilson, West-Afrika, S. 79.

[3]) Mommsen, Geschichte des römischen Münzwesens, S. 408.

[4]) v. Heuglin, Reise nach Abessinien, S. 252.

[5]) v. Benko, Schiffsstation in Ostasien, S. 307; F. v. Noetling, Verhandl. der Berliner Gesellsch. für Anthropol., 1896, S. 40.

[6]) Hoffmann in Ausland, 1884, S. 613.

[7]) Codrington, The Melanesians, p. 326; Finsch, Ethnolog. Erfahrungen, I, S. 94.

lich, dass die kalifornische Messung sich aus dieser un-
vollkommeneren erst entwickelt hat. Die Methode, die
als Geld dienenden Zeugstoffe von bestimmter Breite nach
Unterarmlängen abzumessen, findet sich u. a. noch in
Deutsch-Ostafrika fast allgemein. Selbst Flächenmasse,
deren eigentliche Anfänge mit der beginnenden Aufteilung
des Landes zusammenfallen, sind dort nötig, wo Matten, Felle
und Decken von bestimmter Grösse als Wertmesser dienen.

Noch mehr Scharfsinn wird erfordert, wenn verschiedene Wertmesser nebeneinander bestehen und die Schwierigkeiten der mehrfachen Währung sich zu zeigen beginnen;
veranlasste doch das beständige Schwanken im Wertverhältnis der beiden Hauptarten des Viehgeldes, der
Rinder und Schafe, dass in Griechenland wie in Rom
endlich die Metallwährung, und zwar in Rom zuerst die
einfache Kupferwährung, an ihrer Stelle eingeführt wurden.
Da aber die gefährlichsten Schwankungen erst eintreten,
wenn das Geld durch den Aussenhandel ungleichmässig
vermehrt oder vermindert wird, so gehört die Besprechung
dieser Verhältnisse nicht eigentlich hierher.

Ueberblicken wir nochmals die Entwickelung des
Binnengeldes, wie sie sich unter einigermassen normalen
Verhältnissen gestaltet, so ergeben sich folgende einfache
Grundsätze: Mit der wachsenden Selbständigkeit des Einzelnen gegenüber der Gesamtheit wachsen auch die Ansprüche auf persönliches Eigentum, das er sich zunächst
nicht durch blosse Besitzergreifung, auch nicht durch Arbeit im gewöhnlichen Sinne erwirbt, sondern dadurch, dass
er Dinge seiner Laune und seinem Geschmack, also seinem
innersten Wesen entsprechend umformt und auf diese
Weise mit seiner Person verknüpft. Indem sich nun nach
und nach ein einheitlicher Geschmack für gewisse Gegenstände herausbildet, werden diese endlich als Wertbesitz
und allgemeiner Wertmesser anerkannt. Dadurch wird

das Eigentum des Einzelnen beweglicher, er kann es nunmehr erfolgreich dazu verwenden, drohende Gefahren abzuwehren, Lebensstrafen abzukaufen, die Gunst und Hilfe Mächtiger zu gewinnen; indem aber alsbald gewisse Persönlichkeiten, vor allem Häuptlinge und Priester, den Wertbesitz an sich zu ziehen beginnen, entwickeln und verschärfen sich die sozialen Unterschiede [1]), während sich andererseits die Möglichkeit eröffnet, mit Hilfe des neuen Machtmittels soziale Schranken zu durchbrechen. Je mehr sich der alte Gemeinbesitz in Privatbesitz auflöst, je weiter die Arbeitsteilung fortschreitet, desto grösser und mannigfaltiger wird die Zahl der möglichen Geldarten, und es finden sich nun auch solche, denen die ursprünglichen und grundlegenden Eigenheiten nicht mehr anhaften. Gewisse Geldarten dienen ferner mehr als Wertbesitz, andere mehr als Machtmittel oder vorwiegend als Wertmesser, wodurch allerlei Unterschiede bedingt werden, wie denn überhaupt verschiedene Entwickelungsformen nebeneinander vorkommen können. — Das Binnengeld in seiner typischen Form ist demnach noch nicht ganz ein Geldmittel, wie das der heutigen Kulturvölker, da die leichte Umlaufsfähigkeit und damit die Brauchbarkeit für den Handel nicht zu seinen wesentlichen Eigenschaften gehört, aber es kommt ihm in Wesen und Gebrauch schon sehr nahe, oder richtiger gesagt, es ist die Hauptwurzel des Geldwesens unserer Kultur.

---

[1]) In glänzender, aber ganz einseitiger Weise führt Graf Tolstoi in seiner Schrift „Das Geld“ diesen Gedanken durch.

4

Zeichengeld.

Das Binnengeld vermag seine sozialen Aufgaben in der Hauptsache auch dann noch zu erfüllen, wenn es zu umfangreich oder zu kostbar oder zu zerbrechlich ist, um häufiger den Besitzer wechseln zu können; aber diese Unbeweglichkeit hat doch, wenn sie zu weit geht, lästige Folgen. Der Sammeltrieb führt ohnehin dazu, Geld massenhaft festzulegen und dem Verkehr zu entziehen, ja diese der Eigentümlichkeit des Binnengeldes, dieses sozialen Machtmittels, durchaus entsprechende Neigung bleibt auch dem gemünzten Metall gegenüber oft noch so lebendig, dass beständiger Mangel an Verkehrsmünze die unerwünschte und kaum zu beseitigende Folge ist. In Vorderindien verschwindet alljährlich ein nicht unbedeutender Prozentsatz des umlaufenden Silbergeldes, weil oft die vergrabenen Geldsummen nach dem Tode der Besitzer nicht mehr aufzufinden sind und nur ausnahmsweise zufällig wieder entdeckt werden; in Persien wird teils aus demselben Grunde, teils weil auch der Schah möglichst viel Metallgeld in seinem Schatze aufzuhäufen strebt, ein chronischer Mangel an Scheidemünze hervorgerufen [1]). In ganz ähnlicher Weise sammelte sich in Korea alles Bargeld teils im Staatsschatze an, teils wurde es von den

---

[1]) Stolze u. Andreas in Petermanns Mitteilung., Ergänzungsheft 77, S. 37.

Besitzern vergraben[1]). Selbst Kaurimuscheln sind in Afrika
trotz ihres geringen Wertes vergraben und dadurch dem
Verkehre entzogen worden[2]).

Die festgelegten Werte sind für die kleineren sozialen
Aufgaben des Lebens nicht mehr zu brauchen. Dem
Mangel kann auf verschiedene Weise abgeholfen werden,
so vor allem dadurch, dass neben den grossen und kostbaren Geldsorten kleinere, weniger wertvolle entstehen,
die für geringere Zwecke verwendet werden, während das
ungefügere Geld nur bei sehr wichtigen Gelegenheiten in
Bewegung kommt. In sehr anziehender Weise zeigen eine
derartige, durchaus auf der Grundlage des Binnengeldes
stattfindende Entwickelung die Verhältnisse auf den Carolinen, die am eingehendsten in der mehrfach erwähnten
Schrift von Kubary geschildert worden sind. Das wertvollste Geld auf der Insel Yap ist das Gau, eine Art
Muschelgeld, das nicht sowohl wegen seiner Schwerfällig-
keit, sondern wegen seines Alters, und weil es durch
einen längst erloschenen Handelsverkehr nur in geringer
Menge von entfernten Inseln eingeführt worden ist, als
höchster Schatz von den Häuptlingen bewahrt wird und
höchstens im Kriegsfalle seinen Besitzer wechselt. Ihm
folgt im Werte das schon erwähnte Steingeld, das von
Palau stammt und in Stücken von sehr verschiedener
Grösse vorhanden ist; ein Kapitän Okeefe, der auf
seinem Schiffe eine Menge ungewöhnlich grosser Arragonit-
blöcke nach Yap brachte, erwarb sich auf diese Weise
ein Vermögen, während der Wert der kleineren Geldsteine
natürlich bedeutend sank. Als drittes Geld und eigentliche Scheidemünze nun treten die Perlmutterschalen hinzu,
die auf Fäden gereiht werden und hauptsächlich als Geld

---

[1]) Oppert, Ein verschlossenes Land, S. 132.
[2]) Isert, Neue Reise nach Guinea, S. 64; Andree, Parallelen,
I, S. 235.

der Weiber gelten. Grössere, von auswärts eingeführte
Perlmutterstücke gelten für wertvoller als die einheimischen und dürfen nur im Besitz der Häuptlinge sein, —
ein interessantes Beispiel, wie die Eigenart des Binnengeldes immer zur Betonung sozialer Unterschiede drängt.
Mit dem Perlmuttergelde werden alle kleineren Zahlungen
erledigt, auch wird es dem Steingelde ganz in der Art
der Scheidemünze hinzugefügt; ein Schwein kostet z. B. ein
kleines Stück Steingeld und 20 Perlmutterschalen.

Die Entstehung der kleinen, umlaufsfähigen Geldsorten
wird durch den Aussenhandel, wie sich weiterhin zeigen
wird, ganz besonders hervorgerufen und begünstigt. Aber
auch innerhalb des Stammes eröffnete sich noch die Möglichkeit, den rascheren Umsatz der stockenden Reichtümer
wenigstens bis zu einem gewissen Grade herbeizuführen,
und zwar durch Einführung des Zeichengeldes.

Das Zeichengeld, als dessen vollkommenste Vertreter
unsere Banknoten erscheinen, gilt gewöhnlich für eine
Errungenschaft der fortgeschrittensten Kulturvölker. Das
ist indessen, wenn wir den Begriff Zeichengeld nicht allzu
eng fassen, vollkommen unrichtig. Im Grunde ist ja schon
das Binnengeld selbst in seinen einfachen Formen als
Schmuck nicht viel anderes als ein anerkanntes Wert-
symbol, das innerhalb einer bestimmten Genossenschaft
seine Aufgabe erfüllt, aber nach aussen hin unwirksam
bleibt. Denken wir uns, dass ein Stamm, der sich des
Muschelgeldes bedient, von einem anderen besiegt und
vernichtet würde, der Zeuge und Perlen als Wertmesser
schätzte, so würden wahrscheinlich die von den früheren
Besitzern so hochgehaltenen Muschelgeldschätze von den
Siegern kaum beachtet, geschweige in gleicher Weise ge-
würdigt werden. Ein Europäer würde das kostbare Geld
der Palau-Inseln, das aus Bruchstücken alter Gläser und
Perlen besteht, wahrscheinlich auf den Kehrichthaufen

werfen, wenn man es ihm ohne weitere Aufklärung überreichte: der Palau-Insulaner der früheren Zeit, der ausserhalb unseres Kulturkreises stand, würde mit europäischen
Geldmünzen vielleicht ähnlich umgegangen sein oder hätte
sie nur als Kuriositäten aufbewahrt. Liegt so allem
eigentlichen Binnengelde eine willkürliche und launenhafte
Schätzung zu Grunde, die nur deshalb dem flüchtigen
Blicke wohlbegründet erscheint, weil sie im Laufe der Zeit
starr und fest geworden ist, so ist gar nicht abzusehen,
warum nicht auch rein imaginäre Werte innerhalb einer
begrenzten Genossenschaft die Aufgaben des Binnengeldes
erfüllen könnten.

Am besten versteht man die Art und Wirksamkeit
des Zeichengeldes, wenn man sich an die Spielmarken
der europäischen Kulturvölker erinnert. Eine Gesellschaft
von Leuten, die sich gegenseitig eine gewisse Recht-
schaffenheit und Zahlungsfähigkeit zutrauen, kommt überein, während des Spieles keine umständlichen Zahlungen
vorzunehmen, sondern dafür Marken zu verwenden, die
nach dem Schlusse des Spieles ausgelöst werden. Wo in
einem ganzen Volke die Spielleidenschaft besonders heftig
ist, können Marken dieser Art lokal ganz an die Stelle
von wirklichen Münzen treten: in Hinterindien dienen die
von chinesischen Spielhöllen ausgegebenen Porzellan-, Lack-
und Thonmarken im örtlichen Verkehr vielfach als Kleingeld und ersetzen notdürftig den Mangel an Scheidemünze[1]).
Auch andere Arten von Zeichengeld haben dieses Schicksal, wie in Südamerika mehrfach die von den Pferdebahn-
gesellschaften ausgegebenen, den Münzen äusserlich sehr
ähnlichen Guttaperchazeichen[2]), oder wie bei uns die

---

[1]) G. Schlegel im Internat. Archiv für Ethnogr., II, S. 241;
Bastian, Siam, S. 214.
[2]) Canstatt, Brasilien, S. 172.

Postmarken, die ja eigentlich nur für einen bestimmten
Zweck gefertigt werden, aber doch als beliebtes Zahlungsmittel dienen. Möglicherweise sind die prähistorischen
Scherben, die man hier und da in grösseren Mengen gefunden und wegen ihrer übereinstimmenden Grösse für
Geld angesprochen hat[1]), in Wirklichkeit Spielmarken
gewesen, die aushilfsweise als Münzen zur Verwendung
gekommen sind.

Es ist klar, dass der subjektive Wert des Zeichengeldes nur auf Vertrauen beruht. Kommt ein ganzer
Stamm überein, diesen oder jenen Gegenstand als Zahlungsmittel zu betrachten, ist jedermann bereit, ihn zu dem
festgesetzten Werte anzunehmen, dann wird er auch als
echtes und rechtes Geld kursieren; übrigens ist das Wort
„Uebereinkommen" hier nur der Kürze wegen gewählt,
denn meist wird der Vorgang weniger einfach sein, wenn
auch das Ergebnis dasselbe ist. Besitzt ein Häuptling
oder Fürst den nötigen Einfluss, so wird er willkürlich
neue Zahlungsmittel schaffen können, die dem Mangel an
Kleingeld abhelfen. Ein sehr schönes Beispiel bietet die
Geschichte Russlands: An Stelle des unbehilflichen Fellgeldes, das im Reiche umlief, gaben die Zaren der älteren
Zeit kleine abgestempelte Stücke der Kopfhaut jener Tiere
aus, deren Felle nunmehr am Zarenhofe aufgehäuft wurden
und nur noch im Aussenhandel Verwendung fanden: der
Versuch bewährte sich vollkommen, da das Zutrauen zum
Herrscher unbegrenzt war, die Wertgegenstände, die das
Zeichenfellgeld vertrat, in Wirklichkeit vorhanden waren
und der Handel mit dem Auslande, das sich natürlich
nicht mit Lederstückchen abspeisen liess, keine grosse
Bedeutung für das Volksleben hatte[2]). Als sich endlich

---

[1]) Verhandl. der Berliner Gesellsch. für Anthropologie, 1880,
S. 148 u. 350.

[2]) Vgl. Herberstein, Notes upon Russia (Hawkl. Soc.) I, S. 111;
Scherer, Geschichte des russischen Handels, S. 179.

enorme Massen von Pelzwerk in der „sibirischen Kanzlei"
zu Moskau angesammelt hatten, schaffte im Jahre 1698
die Eröffnung des chinesischen Handels Luft, die Felle
strömten nach China und an ihrer Stelle kamen soviel
chinesische Produkte und Waren nach Russland, dass die
Kaiserin Anna bei Mangel an Bargeld in dergleichen
Waren den Gehalt ihrer Beamten und Offiziere auszahlte[1]).
Wahrscheinlich durch das alte Beispiel angeregt, machte
die russische Regierung später zweimal den Versuch, alles
Silbergeld einzuziehen und an dessen Stelle ein kupfernes
Zeichengeld zu setzen, beide Male aber nur mit dem Er-
folge, dass der russische Kredit und Handel aufs furcht-
barste erschüttert wurden[2]). Russland war eben kein
abgeschlossener Staat mehr, der sich mit einem reinen
Binnengelde symbolischer Art begnügen konnte, sondern
ein Teil Europas und von westeuropäischen Geldanschau-
ungen beeinflusst. In ganz ähnlicher Weise scheiterte ein
Versuch Schwedens, den erschöpften Finanzen durch Aus-
gabe eines Zeichengeldes aufzuhelfen[3]). In England scheint
ledernes Zeichengeld sich bis ins Mittelalter hinein gehalten
zu haben, und in Sizilien machte der Normannenkönig
Wilhelm im Jahre 1161 einen Versuch, alles Bargeld aus
dem Verkehr zu ziehen und durch Ledermünzen zu ersetzen, anscheinend nicht ohne Erfolg.

Das russische Ledergeld ist auch deshalb beachtenswert, weil es vielleicht einen Wink giebt, wie ältere
rätselhafte Vorkommnisse von ledernem Zeichengeld zu
deuten sind, so das der Britannier, Skandinavier u. s. w.
Wenn es sich in diesen Fällen nicht ebenfalls um einen
handlichen Ersatz von Tierfellen handelte, könnte möglicherweise auch lebendes Vieh dadurch symbolisiert ge-

[1]) Scherer, a. a. O., S. 152.
[2]) Brückner, Finanzgeschichtliche Studien, S. 16 ff., 93 ff.
[3]) a. a. O., S. 177 ff.

wesen sein. Einigermassen hierher gehört das Verfahren
eines chinesischen Kaisers, der seinen Vasallen als Gegengabe für ihre Geschenke statt wirklichen Geldes kleine
Stücke der Haut weisser Hirsche überreichte, deren er
eine grosse Anzahl in seinem Tiergarten hielt[1]). Das geheimnisvolle karthagische Zeichengeld dagegen, das aus
einem unbekannten, in Leder eingenähten Stoffe bestand,
mochte wohl einen anderen Sinn haben und gehörte vielleicht ursprünglich in die Reihe der „heiligen" Geldsorten,
auf die noch zurückzukommen ist.

Als ein sehr interessantes Zwischenglied, das den
Uebergang vom wirklichen zum innerlich wertlosen Gelde
versinnlicht, ist das Kakaogeld der alten Mexikaner[2]) zu
nennen. Unter den verschiedenen Kakaosorten gab es
eine mit besonders grossen Kernen, die den am wenigsten
geschätzten Kakao lieferte und nur ausnahmsweise als
Genussmittel verwendet wurde; aber gerade diese Sorte
kursierte als Geld, während die besseren Arten als Ware
galten! Ein Teil des Wertes also, den man dem Kakao-
gelde beilegte, war hier bereits imaginär.

Ueberhaupt werden die einfachsten und kenntlichsten
Formen des Zeichengeldes aus jenen Geldarten hervorgehen, die einen praktischen Zweck haben. Sobald dieser
ursprüngliche Zweck mit dem umlaufenden Geldmittel
nicht mehr zu erreichen ist, stellt dieses nur noch ein
Symbol des eigentlichen Grundwertes dar und ist damit
zum Zeichengelde geworden. Am leichtesten scheinen
Kleiderstoffe dieser Umwandlung zu verfallen. Die im
mittleren Sudan als Geld umlaufenden Baumwollstreifen
sind vielfach so schmal, dass sie zu keinem nützlichen
Gebrauche zu verwenden sind. Im alten Böhmen wieder

[1]) Klemm, Kulturgeschichte, VI, S. 243.
[2]) Waitz, Anthropologie, IV, S. 101.

liefen Tuchstücke als Geld um, die wegen ihres losen
Gewebes zu keinem praktischen Zwecke zu brauchen
waren[1], und die kleinen Matten, die am unteren Kongo
kursierten[2], und noch während der portugiesischen Zeit,
mit dem Stempel der Regierung versehen, als allgemeines
Zahlungsmittel dienten[3], werden von Klemm wohl mit
Recht als eine Art Papiergeld bezeichnet. Dasselbe gilt
von dem Mattengeld auf den nördlichen Neuen Hebriden,
von dem Codrington berichtet: „Die Matten sind lang
und schmal, werden zu keinem anderen Zwecke gefertigt,
als um als Geld zu dienen, und auf Aurora und Lepers
Island werden sie um so höher geschätzt, je älter und
schwärzer sie sind ... Die Matten werden in eigens zu
dem Zwecke erbauten kleinen Häusern bewahrt, in denen
beständig ein Feuer brennt, um sie zu schwärzen. Obgleich man mit diesen Matten alles kaufen kann, was
ihrem Werte entspricht, werden sie doch mit Vorliebe gebraucht, um die verschiedenen Grade des Suque-Geheim-
bundes zu erwerben. Reiche Leute haben oft 50 und
mehr Matten in ihrem Hause aufgehängt, die nach und
nach zerfallen, als ein Zeichen alten Reichtums." Coote,
der ebenfalls das Mattengeld schildert, bildet die oben
erwähnten Räucherhäuser ab und bemerkt, dass eine gute
Matte dieser Art dem Werte eines ausgewachsenen Ebers
mitsamt seinen hochgeschätzten Hauern entspricht[4]. Wir
haben hier wohl das klassischste Beispiel eines primitiven
Zeichengeldes, dem weder ein praktischer noch, wie das
beim Schmuck der Fall ist, ein subjektiver Wert inne-

[1] Ilwof, Tauschhandel und Geldsurrogate, S. 47.
[2] Tuckey, Narrative of an expedition to the river Zaire,
p. 119.
[3] Andree, Parallelen, I, S. 246.
[4] Klemm, Kulturgeschichte, III, S. 320; Codrington, The
Melanesians, p. 323; Coote, The Western Pacific, p. 65.

wohnt und das doch alle Aufgaben eines guten Geldes
als Wertmesser. Tauschmittel und Verkörperung des Reichtums erfüllt.

In merkwürdiger Weise kann sich selbst unter leid-
lich kultivierten Verhältnissen eine Art Zeichengeld ein-
nisten, das den schon halb verwischten Unterschied zwischen
Binnen- und Aussengeld wieder schärfer hervortreten lässt.
So strömten lange Zeit die vollwertigen Gold- und Silbermünzen aus den südamerikanischen Republiken, besonders
aus Peru, infolge der passiven Handelsbilanz nach dem
Auslande, an ihrer Stelle aber verbreiteten sich die minderwertigen bolivianischen Silbermünzen, die im Aussenhandel
nicht brauchbar waren und zuletzt als fast ausschliess-
liches Binnengeld zurückblieben[1]. Noch deutlicher zeigt
sich die Erscheinung am Papiergeld halb oder ganz
bankerotter Staaten; es hat immer im kleinen Binnenverkehr, der nun einmal irgendwelche Scheidemünze
braucht, noch am längsten Kurs, wie sich das u. a. nach
dem grossen Krach in Peru zeigte, wo in Ermangelung
von besserem das ganz entwertete Papiergeld immer noch
im Kleinhandel des Marktes umlief[2]. In der Not schafft
sich der Kleinverkehr sogar auf eigene Faust Werte, die
in einem beschränkten Kreise kursieren und eben auch
ihrer Aufgabe genügen, wie u. a. neuerdings in Jerusalem
die „Bons“ jüdischer Schlächter und Bäcker und die
Messingmarken eines Gasthofsbesitzers als Geld umliefen[3].
Durch die zuletzt genannten Arten des Zeichengeldes
werden oft keine merklichen Störungen des inneren volks-

---

[1] Middendorf, Peru, I, S. 463; Napp, Die argentinische
Republik, S. 393; de Moussy, Description de la Conféderation
Argentine, II, p. 536.

[2] Middendorf, Peru, I, S. 471.

[3] Ausland, 1887, S. 58; Zeitschr. des deutschen Palästina-
Vereins, V, S. 30 u. 31.

wirtschaftlichen Lebens herbeigeführt; dies pflegt dagegen der Fall zu sein, wenn ein Fürst oder Häuptling die Einführung eines Zeichengeldes mit der bewussten Absicht anstrebt, die umlaufenden Werte durch sein neugeschaffenes Geld zu ersetzen. Das Ergebnis ist natürlich, dass alle Werte in die Kasse des Fürsten zusammenströmen, und wenn dieser Vorgang noch überdies dadurch befördert wird, dass alle Zahlungen des Fürsten in Zeichengeld erfolgen, die Steuern dagegen in realen Geldsorten abgeführt werden müssen, dann sind die schwersten Erschütterungen des Volkslebens unausbleiblich. Sobald das wirkliche Geld aus dem Verkehr gezogen ist, wird der Handel mit dem Auslande äusserst erschwert und ist nur noch in der Form des Tauschhandels möglich; eine Art Abhilfe wird nur geschaffen, wenn der Fürst selbst das Monopol des Aussenhandels beansprucht und damit auch allen Gewinn an sich zieht. Auf diese Weise aber wird die ganze wirtschaftliche Kraft des Volkes in der Hand des Herrschers vereinigt, ein für letzteren gewiss sehr wünschenswerter Zustand, der für das Volk aber nur dann erträglich ist, wenn es imstande ist, sich in der Hauptsache wirtschaftlich selbst zu genügen. Abschliessung nach aussen ist die Vorbedingung und die Folge des primitiven Zeichengeldes, das sich schon durch diese Eigenschaft als eine extreme Form des Binnengeldes ausweist. In grossartigem Massstabe führte der Herrscher des mongolischen Riesenreiches, Kublai Chan, die Verdrängung des Metallgeldes durch ein Zeichengeld, und zwar gestempelte Stückchen Papier, durch, wobei er offenbar dem Vorbilde der Chinesen folgte[1]; die Berichte Marco Polo's (II, 18) lassen nur erkennen, dass der Ver-

---

[1] Schon Rubruk erwähnt übrigens mongolisches Papiergeld oder wenigstens Papierstücke mit dem Stempel des Mongolenkaisers Mangu, die in China kursierten (Recueil de Voyages, IV, p. 329).

such zeitweilig angesichts der ungeheuren Macht und
Autorität des Fürsten gelungen sein muss und den Erfolg
hatte, dass sich unermessliche Schätze von Gold und
Silber in der Residenz des Chans anhäuften. Bei der
riesigen Grösse des mongolischen Reiches war fast aller
Handel Binnenhandel, der durch das Papiergeld, solange
es durch das Vertrauen auf die Macht des Fürsten voll-
wertig erhalten wurde, keine Störung erlitt. Wie es
scheint, bürgerte sich indessen in den Grenzgebieten, die
Aussenhandel trieben, das Zeichengeld nicht ein und wurde
endlich ganz wieder eingezogen.

5

Heiliges Geld.

Die bisherigen Erörterungen haben zur Genüge gezeigt, dass gerade den Dingen, die sich zuerst als Besitz
und darauf als Geld von den übrigen scheiden, kein realer
und aller Welt verständlicher Wert innewohnt oder dass
dieser Wert, wenn er mit vorhanden ist, doch nur als
Nebensache neben einer rein subjektiven Schätzung erscheint. Die erste und hauptsächlichste Ursache dieser
subjektiven Schätzung, nämlich die Uebertragung des
eigenen Wesens auf den Gegenstand durch künstlerisches
Umformen im weitesten Sinne, ist bereits geschildert.
Allein indem sich der Begriff des Geldes weiter entwickelt, treten zahlreiche andere Ursachen der Wertschätzung ergänzend ein, ganz abgesehen von dem dabei
immer thätigen Nachahmungstrieb oder Herdeninstinkt des
Menschen.

Ein Gegenstand kann höher geschätzt werden als
andere und schliesslich die Eigenschaft eines typischen
Binnengeldes erlangen, einfach deshalb, weil er selten ist
und nur schwer, vielleicht mit Gefahr, beschafft werden
kann. So dienten die Zähne des Pottwals, der verhältnismässig selten erlegt wurde, in Fidschi als Wertmesser
und zugleich als Friedenszeichen, das Häuptlinge einander
zu übersenden pflegten[1]; auch auf den Gilbert-Inseln kur-

[1] Meinicke, Die Inseln des Stillen Ozeans, II, S. 48.

sieren sie als Geld [1]). In ähnlicher Weise werden die fast zirkelrund gebogenen Eberhauer in Deutsch-Neu-Guinea besonders geschätzt und als Zahlungsmittel verwendet [2]). Die rotbefiederte Kopfhaut eines Spechtes ist bei dem kalifornischen Indianerstamme der Cahrocks in Umlauf [3]); Tierschädel, die man als Jagdtrophäen aufbewahrt, sind bei den Mischmis in Assam gleichzeitig Wertbesitz und Geld, mit dessen Hilfe man mit benachbarten Stämmen Handel treibt [4]).

Zuweilen stammt der gesamte Geldvorrat aus älterer Zeit, wie das mit dem Gelde der Palau-Inseln der Fall ist [5]), oder das Alter der einzelnen Stücke vermehrt die Wertschätzung, wie sich oben bei dem Mattengelde der Neuen Hebriden zeigte. Aber wenn auf diese Weise leicht der Ursprung des Geldes in geheimnisvollem Dunkel liegt, so eröffnet sich der Phantasie nunmehr ein willkommener Spielraum zu mythologischen Erfindungen, die ihrerseits dazu beitragen, den Wert der kursierenden Geldmittel ungemein zu vermehren. So ist das alte Scherbengeld der Palau-Inseln himmlischen Ursprungs [6]), von märchenhaften Vögeln und Fischen erzeugt oder am Strande geheimnisvoller Inseln gefunden [7]); beim Wechseln besonders geschätzter Stücke ist ein Zuschlag zur „Versöhnung des Gefühls des Geldstückes" zu zahlen, das also als beseelt

---

[1]) Parkinson in Intern. Archiv für Ethnographie, II, S. 97.

[2]) Finsch, Ethnologische Erfahrungen, II, S. 85.

[3]) Andree, Parallelen, I, S. 239.

[4]) Cooper bei Andree, Parallelen, I. S. 240; Tierschädel als Schmuck der Häuser und Zeichen des Reichtums, wenn auch nicht als Geld, finden sich bei den Bambara (vgl. Caillié, Voyage à Temboctou, II, p. 84).

[5]) Kubary, Beiträge, S. 6 ff.

[6]) Semper, Die Palau-Inseln, S. 63.

[7]) Kubary, Beiträge, S. 23 ff.

gedacht wird[1]). Auch den Haliotismuscheln Nordwest-
amerikas wird ein sagenhafter Ursprung zugeschrieben[2]).

Dies ist indessen nur der eine, verhältnismässig seltene
Weg, auf dem das Geld zu mystischen Eigenschaften gelangt; ein anderer führt unmittelbar auf die einfachste
Urform des Geldes zurück, auf den Schmuck. Eine
ganze Anzahl von Gegenständen, die als Schmuck getragen werden, dienen gleichzeitig als schützende, alle
möglichen bösen Einflüsse abwehrende Amulette, so besonders die Zähne, Klauen und Schnäbel der Tiere, seltsam geformte Wurzeln und Steine, Spiegel u. dergl.;
andere Schmucksachen sollen durch ihr schönes Aussehen
einen versöhnenden Eindruck auf die geisterhaften Wesen
machen, die den Menschen bedrohen, oder man glaubt in
sie selbst einen schützenden Geist gebannt[3]). Oft drücken
sich in der Ornamentik der verschiedensten Gegenstände
derartige Vorstellungen aus. Auch Muscheln, die unter
dem primitiven Schmuck und Geld so besonders hervortreten, werden als Amulette verwendet, besonders in
Vorderindien[4]). Vielfach dürfte diese Wertschätzung auf
die Aehnlichkeit mancher Muscheln und Schnecken mit
Hörnern zurückgehen, denn letztere sind ganz besonders
beliebte Abwehrmittel böser Einflüsse; aber selbst die
bekannteste Geldmuschel, Cypraea moneta, scheint als
Talisman vorzukommen, wie eine Notiz Isert's vermuten
lässt[5]). Lander sah im Gebiete von Yoruba einen Zauberer, der sich mit einer Unmasse von Kauris, der

[1] a. a. O., S. 11.
[2] Niblack, The Indians of the Northwest Coast, p. 336.
[3] Vgl. darüber meine Abhandlung über Amulette und Zaubermittel im Archiv für Anthropologie, 1894.
[4] Zeitschr. für Ethnologie, 1872, S. 70.
[5] Neue Reise nach Guinea, S. 181.

Schätzung nach etwa 20000 Stück, behängt hatte [1]), wahrscheinlich nicht nur, um sich zu schmücken, sondern aus mystischen Beweggründen.

Es ist erklärlich, dass derartige Schmucksachen, an die sich mystische Vorstellungen irgend welcher Art knüpfen, auch dann ihre besondere Bedeutung nicht verlieren, wenn sie als Geldmittel allgemeinere Verwendung finden [2]), während ja auch umgekehrt gewisse Münzen, wie der bekannte Georgsthaler, sich zu Talismanen umbilden können [3]). In Mekka, dem Mittelpunkte des Islam, dienen sogar als beliebteste Amulette der Frauen alte venetianische Goldstücke, auf denen Christus und der Evangelist Markus dargestellt sind [4]), und in Tibet haben sich die indischen Rupien auch deshalb rasch eingebürgert, weil man den Kopf der Königin Victoria für den des Dalai-Lama hielt, und aus diesem Grunde den Münzen einen besonderen mystischen Wert beilegte [5]). Damit ist denn auch ein neuer Anstoss zur Anhäufung des Geldes gegeben. Aber noch eine andere Entstehungsursache „heiliger" Geldarten ist zu beachten, das ist die unmittelbare oder doch mittelbare Beziehung des Geldes zu den Verstorbenen oder zum Totenkult.

Wie sehr die Rücksicht auf die Verhältnisse im Jenseits an und für sich zur Erwerbung von Reichtum anreizt,

[1]) Reise zur Erforschung des Nigers, I, S. 75.

[2]) Es mag hier an die geschnittenen Skarabäen der alten Aegypter erinnert sein, die nach der Meinung mancher Forscher nur als Amulette, nach der anderer gleichzeitig als Geld gedient haben.

[3]) Ueber Messingmünzen als Amulette vgl. Kuntze, Um die Erde, S. 190.

[4]) Snouck Hurgronje, Mekka, II, S. 167.

[5]) Cooper, Travels of a pioneer of commerce, p. 456. Als Gegenstück mag erwähnt sein, dass an der Goldküste der irländische Penny mit der Harfe als „Teufelsmünze" gilt und zurückgewiesen wird (Duncan, Reisen in Westafrika, II, S. 29).

wird noch kurz zu erwähnen sein. Am unteren Kongo sammelte man früher möglichst grosse Mengen Mattengeld, in das der Leichnam des Verstorbenen dann gewickelt wurde, sodass die Leichen Vornehmer zuletzt unförmliche Bündel bildeten[1]); im Hinterlande von Angola werden noch gegenwärtig europäische Baumwollstoffe mit derselben Absicht erworben und aufgehäuft[2]). Das Geld, das den Toten mit ins Grab gegeben wird, ist für die Lebenden verloren, da es niemand besitzen mag, und selbst wenn es zufällig wieder zu Tage kommt, gilt es als wertlos[3]); aber auch das, was als Erbschaft auf die Verwandten übergeht, wird oft mit einer gewissen Scheu behandelt werden, denn die Ansprüche des Toten, den man sich gern als neidisch und rachsüchtig vorstellt, sind nicht ohne weiteres zu missachten. Möglicherweise beruht die neubritannische Sitte, beim Totenfest zu Ehren eines Verwandten Muschelgeld auszuteilen[4]), auf diesem Gefühle, wenigstens fehlt es, wie sich weiter unten (Abschnitt 6) zeigen wird, nicht an Parallelen, dass man das Eigentum des Verstorbenen lieber verschenkt als für sich behält. Da nun alles Geld, was lange Zeit umläuft, vorübergehend im Besitze nunmehr Verstorbener gewesen ist, so verbindet sich mit ihm leicht der Begriff des Unheimlichen, Zauberhaften. Ueberhaupt gewinnen vererbte, aus älterer Zeit stammende Kostbarkeiten leicht eine gewisse Heiligkeit und einen Wert, der weit über das Gewöhnliche hinausgeht: ein Beispiel sind die Reichskleinodien der deutschen Kaiser, ohne die keine Krönung so recht giltig war und deren Besitz deshalb von den Thronbewerbern aufs eifrigste erstrebt wurde. Solche Werte, in denen

---

[1]) Tuckey, Narrative of an exped. to the river Zaire, p. 115.
[2]) Büttner, Reisen im Kongolande, S. 91.
[3]) Vgl. z. B. Finsch, Ethnologische Erfahrungen, I, S. 95.
[4]) a. a. O, S. 114.

sich die Würde des Herrschers verkörpert, sind auch Naturvölkern nicht fremd.

Aber der Totenkult als solcher schafft sogar unmittelbar neue Werte. Die alten chinesischen Porzellanvasen,
deren Besitz das höchste Lebensziel eines Dayak ist, haben
höchstwahrscheinlich ihre ungeheure Wertschätzung dem
Umstande zu verdanken, dass man früher in ihnen die
Reste Verstorbener aufbewahrte und ihnen nunmehr über-
irdische Kräfte zuschreibt[1]. Es handelt sich also um
eine Art von Reliquienkultus, wie ihn auch die europäischen
Kulturvölker kennen. Auch die Reste der Toten selbst
können auf diesem Wege zu einem wertvollen Besitz und
schliesslich selbst zu einem Zahlungsmittel werden. Ob
die vereinzelte Angabe Hernsheim's[2], dass auf Yap die
in Matten gehüllten Ueberbleibsel vornehmer Verstorbener
als Geld kursieren, auf Wahrheit beruht, mag dahingestellt
bleiben. Jedenfalls führt aber der Schädelkult, der ja
unmittelbar aus der Ahnenverehrung erwächst[3], leicht
dazu, in den angehäuften Schädeln einen wertvollen Besitz
zu sehen, der unter Umständen auch beweglich ist. „Der
Besitz von Köpfen", sagt Ling Roth[4] von den nördlichen
Dayak, „giebt ihnen grosse Achtung als Krieger und reiche
Leute, denn die Schädel gelten als der kostbarste Besitz."
Nach einer älteren Nachricht dienten bei den Battak thatsächlich menschliche Schädel als Geld[5]. Dass einige der
berüchtigten Kapitäne, die lange Zeit die Südsee unsicher
machten, harmlose Eingeborene niedergemetzelt haben, um
ihre Köpfe dann zum Einkauf von Sandelholz zu ver-

---

[1] Vgl. Wilken in Bijdr. Taal-, Land- en Volkenk. v. Nederl.
Indie, 1889, S. 122 ff.

[2] Südsee-Erinnerungen, S. 22.

[3] Vgl. Deutsche Geograph. Blätter, 1896.

[4] The Natives of Sarawak, II, p. 142.

[5] Ausland, 1882, S. 327.

wenden[1]), mag als Probe eines echten Geschäftsgeistes immerhin erwähnt werden.

Es ist nicht immer möglich, die Ursachen genau anzugeben, denen gewisse Geldsorten ihren mystischen Nebenwert verdanken; dass er vielfach vorhanden ist, scheint zweifellos. An die alten Glasperlen, die in manchen Gegenden Westafrikas als Zeugnisse ehemaligen Handelsverkehrs noch bewahrt werden, knüpfen sich zahlreiche Sagen und abergläubische Vorstellungen[2]). Den merkwürdigen Kupferplatten, die sich an der Nordwestküste Amerikas höchster Wertschätzung erfreuen und von Geschlecht zu Geschlecht vererben, wird ein eigentümlicher Kultus gewidmet. Jede einzelne Platte hat ihren Namen und ihr eigenes Haus und erhält regelmässig zu essen. Kein Weib darf das Haus betreten. Fast jeder Stamm hat eine Ueberlieferung über ihren Ursprung: einige sagen, jemand hätte sie von dem Manne im Monde erhalten, als er diesen besuchte, andere, sie stammten von einem im Meere wohnenden Häuptling u. s. w.[3]). Bei den nördlichen Stämmen ist dieser Kultus viel weniger entwickelt[4]). Mit vielen Geldarten Melanesiens findet sich der Begriff des „Tabu" oder „Tambu" in unklarer Weise verknüpft, ein Begriff, der ursprünglich auf den Totenkult zurückgehen dürfte[5]). Das Muschelgeld wird in „Tambuhäusern" aufbewahrt, die grossen Diwarraringe der Neubritannier heissen „Tambu alolei", auf Neuguinea findet sich das Wort „Tautau"

---

[1]) v. Schleinitz in Zeitschr. der Gesellsch. für Erdkunde, Berlin 1877, S. 258.

[2]) Vgl. die Abhandlung Merensky's in Verhandl. der Berliner anthropol. Gesellsch., 1882, S. 542 ff.

[3]) Boas, Notes on the Ethnology of British Columbia, p. 427.

[4]) Niblack, The Indians of the Northwest Coast, p. 336.

[5]) Vgl. meine Abhandlung darüber in den „Preussischen Jahrbüchern", 1895, S. 50 ff.

für Geld[1]). Auch die Pottwalzähne heissen auf Fidschi „tambua“, ein „Geist des Wallfischzahns“ wird erwähnt[2]). Dass man beim Fischen der als Geld dienenden Dentaliumschnecken in Nordwestamerika stellenweise die Leichen erschlagener Sklaven als Köder verwendete[3]), deutet ebenfalls auf irgend welche mystische Vorstellung.

Die oben erwähnten Kupferplatten dienten auch als eine Art Glocken, und wahrscheinlich hat der geheimnisvolle Ton, den sie beim Anschlagen von sich geben, viel zu ihrer Heilighaltung beigetragen. Aus demselben Grunde mögen auf den Philippinen (nach de Morga, S. 303) und anderwärts in Hinterindien und Indonesien chinesische Bronzepauken als Wertbesitz und Geld gedient haben oder noch jetzt dienen.

Auf eine ganz andere Weise gelangt bei fortgeschrittenen Völkern das Geld leicht zu einer gewissen Heiligkeit. Wie man den Geistern Verstorbener Geld mitgab, so opferte man auch den Göttern wertvolle Dinge, Edelmetalle und schliesslich gemünztes Geld; es mag nebenbei erwähnt sein, dass man zuweilen die Götter für konservativer hält als die Menschen und ihnen, z. B. in Italien, noch lange Zeit nach Einführung geprägter Münzen die rohen Kupferstücke opferte, die früher als Zahlmittel umliefen[4]). So sammelten sich in den Tempeln nach und nach gewaltige Schätze an, die manchmal, wie die zu Delphi, erst nach sehr langer Zeit dem unvermeidlichen Schicksal erlagen, von skrupellosen Fürsten oder Landesfeinden geplündert oder weggeschleppt zu werden; und wenn auch ein Teil dieser Schätze in Gestalt kostbarer Geräte als unbeweg-

---

[1]) Finsch, Ethnologische Erfahrungen, I, S. 94, II, S. 302.

[2]) Meinicke, Die Inseln des Stillen Ozeans, II, S. 48; Seemann, Viti, S. 361, 359.

[3]) Krause, Die Tlinkit-Indianer, S. 185.

[4]) Mommsen, Geschichte des römischen Münzwesens, S. 171.

licher Besitz in den Räumen des Tempels lag, so war doch
die Priesterschaft gern bereit, ihren Ueberschuss an ver-
lässliche Leute gegen entsprechenden Zins auszuleihen,
während auch die Messen und Märkte, die in der Nähe
der Heiligtümer abgehalten wurden, den Umlauf der angesammelten Werte begünstigten. „Die Götter waren die
ersten Kapitalisten in Griechenland, ihre Tempel die ersten
Geldinstitute" sagt Curtius, der diesen Verhältnissen eine
geistvolle Abhandlung gewidmet hat [1]). Vor allem die
Priester der Aphrodite Urania, deren Tempel in allen
Seehandelsplätzen standen, führten den Geldverkehr und
das Kreditwesen ein, und sie waren auch die ersten, die
Metallstücke mit dem Bilde ihrer Göttin stempelten und
damit die Anfänge der Münzprägung ins Leben riefen.
Auch von den Priestern anderer Gottheiten wurden früh
geprägte Münzen zunächst als Siegespreise und Erinnerungszeichen bei Wettspielen erteilt, und als man endlich von
Staatswegen das Geldwesen ordnete, war es natürlich,
dass die Tempel auch fernerhin als Münzstätten dienten
und dass eine höhere Weihe allen mit der Prägung ver-
bundenen Vorgängen zu eigen blieb; nach Curtius ist
„alles hellenische Geld sakral, das Münzfeld heiliger
Boden." So kommt es auch, dass noch zu Alexanders
des Grossen Zeit keine Herrscherbilder auf den Münzen
erscheinen, sondern nur die Bilder und Symbole der
Götter.

Was von Griechenland gilt, lässt sich mit demselben
Rechte von einem Teile des Orients behaupten, von Phöni-
kien vor allem, das in allen Handelssachen Griechenland
vorausging und vielfach als Vorbild gedient hat. Man
darf annehmen, dass auch die Geldwechsler, die Christus

---

[1]) Monatsberichte der Königl. preuss. Akademie der Wissenschaften, 1870, S. 465 ff.

als Vertreter einer höheren Weltanschauung aus dem
Tempel zu Jerusalem hinaustrieb, ein gewisses historisches
Recht auf ihren Platz besassen: Geld. Handel und Religion
standen im Altertum miteinander auf dem besten Fusse [1]
und ein Schimmer von Heiligkeit verklärte selbst die
schmutzigen Scheidemünzen, die im Marktverkehr von
Hand zu Hand wanderten oder sich auf dem Tische des
Wechslers sammelten.

[1] Vgl. auch Jeats, The growth and vicissitudes of commerce,
p. 68.

6

Ansammlung des Besitzes in den Händen Einzelner.
Gegenwirkungen.

Es ist selbstverständlich, dass auch dort, wo kein eigentliches Binnengeld vorhanden ist, dennoch alle jene Dinge, die als dauerhafter oder sich selbst erneuernder Wertbesitz gelten dürfen, von Einzelnen in unverhältnismässiger Menge erworben und aufgehäuft werden können: dieses Aufhäufen von Besitz ist eben auch einer jener Keime, aus denen sich das Geld im eigentlichen Sinne mit entwickelt. In Polynesien, wo fast nirgends ein als Zahlungsmittel kursierendes Binnengeld entstanden ist, giebt es doch Unterschiede des Besitzes, die nicht nur in der ungleichen Verteilung des Landes zu Tage treten, sondern auch darin, dass der Wohlhabende die Ueberschüsse seiner Einkünfte oder der ihm zu Gebote stehenden Arbeitskräfte in bestimmten Dingen anzulegen beginnt, besonders in ungeheueren Massen von Rindenstoff (Tapa)[1], oder in Matten, die in Samoa sogar von Geschlecht zu Geschlecht vererbt und nach ihrem Alter geschätzt werden[2]. Dieser letzte Zug zeigt schon das Entstehen jener imaginären Wertschätzung, die für das eigentliche Binnengeld

---

[1] Mariner, Nachrichten über die Tonga-Inseln, S. 228, 265; Ellis, Polynesian researches, II, p. 371.
[2] v. Werner, Ein deutsches Kriegsschiff in der Südsee, S. 262.

Schurtz, Entstehungsgeschichte des Geldes.　　　　　4

so charakteristisch ist: Die wirklichen Geldsorten haben einen Wert, der nicht in ihrer praktischen Verwendbarkeit liegt, sondern durch Herkommen geschaffen und geheiligt ist, sie sind gewissermassen der Adel unter den Besitzgegenständen. Auch dem, der sie massenhaft besitzt, geben sie einen anderen Einfluss, als wenn er nur Nutzstoffe angehäuft hätte, sie verbürgen ihm nicht nur, wie diese, die Möglichkeit des Wohllebens, sondern wirkliche Macht, ja unter Umständen etwas wie Heiligkeit [1]). Nicht immer sammeln sich diese Machtmittel gerade in den Händen der Führer des Volkes, der Häuptlinge und Fürsten, oder sie bleiben ihnen doch aus Gründen, auf die gleich zurückzukommen ist, nicht dauernd erhalten. Dadurch eröffnet sich anderen ein Weg, durch Geldbesitz übermächtigen Einfluss zu erlangen, vor allem der Priesterschaft, in deren Tempeln sich oft unermessliche Schätze anhäufen, ohne wieder ins Verkehrsleben zurückzufliessen. Das gilt nicht nur von kultivierten Völkern; die Bewohner der kleinen polynesischen Insel Funafuti bringen ihre Reichtümer, schöne Matten und Fischangeln aus Perlmutter, massenhaft als Opfergaben nach dem Tempel, und alle fremden Kostbarkeiten, die irgendwie nach der Insel gelangen, müssen denselben Weg gehen [2]). Aber auch anderen Mitgliedern der Stammesgemeinschaft wird es auf verschiedene Weise möglich, durch Ansammeln von Geld sich Einfluss zu schaffen und die bisherige Gesellschaftordnung zu zersetzen.

Das Binnengeld im engeren Sinne unterscheidet sich vor allem dadurch von anderem, realem Wertbesitz, dass seiner Vermehrung wenigstens in der Phantasie keine

---

[1]) Auf Neu-Lauenburg nach v. Werner, a. a. O., S. 402.
[2]) Hedley, The Atoll of Funafuti, I, p. 47. Aehnlich auf benachbarten Inseln.

Schranke gezogen ist und der Sammeltrieb seine ganze
Kraft zu entfalten vermag. Wen er erfasst hat, der arbeitet
nicht mehr, um sein Leben zu fristen und es behaglich
auszugestalten, sondern um zu erwerben. In diesem
einen Worte liegt schon die ungeheure Bedeutung des
Vorgangs für die Entwickelung der Menschheit ausgesprochen. Dass der Erwerbssinn nicht auf einzelne beschränkt bleibt, sondern zwangsweise dem ganzen Volks-
organismus mitgeteilt wird, dafür sorgt schon die soziale
Umbildung. wie sie der Reichtum veranlasst; jeder ist nun
genötigt, am Wettkampfe um den Besitz teilzunehmen,
oder er wird von einem der neu entstehenden Macht- und
Besitzzentren in seine Wirbel gezogen und muss angestrengt
arbeiten, um überhaupt zu leben. Dem Besitzenden aber
hemmt bei der unaufhörlichen Vermehrung seines Reichtums auch keine zeitliche Schranke den Ausblick; der
Zivilisierte hofft seinen Kindern durch die angesammelten
Schätze das Dasein zu erleichtern und in ihnen gewissermassen weiter zu leben und zu geniessen, der Naturmensch
aber glaubt noch im Jenseits über die Massen von Gütern
verfügen zu können. die ihm in das Grab mitgegeben
werden. Eine Grenze des Erwerbes also kennt er ebenfalls nicht.

Kaum braucht es gesagt zu werden. dass diese neue Phase
des Volksdaseins durchaus nicht den allgemeinen Beifall
findet. War es ursprünglich nur die Aufgabe des Gemein-
wesens und seiner Angehörigen. sich gegen die umgebende
Natur im Gleichgewicht zu halten, war alle Arbeit, die
über das schlechthin Notwendige hinausging. etwas Frei-
williges. so eröffnete sich nunmehr ein Ausblick auf endlose, im Grunde doch nur erzwungene Mühe und Thätigkeit, die in der Ungleichheit des voraussichtlichen Lohnes
ihren Grund und Ansporn hatte. den alten Kommunismus
völlig zerstörte und die traumhafte Behaglichkeit des

4*

Naturlebens unwiederbringlich vernichtete. Natürlich erkennt man den drohenden Verlauf nicht mit voller Klarheit. man ahnt ihn nur. und ganz entsprechend einem der wichtigsten ethnologischen Gesetze. wendet man Gebräuche, die ursprünglich einem anderen Zwecke dienten. halb bewusst zur Abwehr der Gefahr an. Auf sehr verschiedene Art gelingt es so. der übermässigen Anhäufung von Reichtümern zu steuern, und es ist lehrreich genug. auf diese Methoden einen Blick zu werfen.

In gewissem Sinne hat allerdings der Reichtum schon an sich einen Hang zur Selbstzerstörung. indem er seine Besitzer degenerieren lässt. Ein grosser Teil jener. die mit dem Reichtum zugleich eine Aussicht auf unendlichen Genuss zu besitzen scheinen. geht bei dem unglücklichen Versuche, alle nunmehr erreichbaren Genüsse auszukosten. elend zu Grunde. In noch höherem Grade gilt das von der Nachkommenschaft erwerbslustiger Naturen. Das Verkommen und „Vertroddeln“ altadeliger Geschlechter oder reicher Kaufmannsfamilien. das zu den alltäglichsten Erscheinungen in Europa gehört. findet sich u. a. genau in derselben Weise in China. wo die grossen Vermögen der Kaufleute meist in kurzer Zeit wieder durch den Leichtsinn und die Genusssucht der Kinder oder Enkel in nichts zerstieben [1]. Die Neigung zum Glücksspiel. die nicht nur vielen Angehörigen der Kulturvölker eigen. sondern z. B. auch bei den Indianern Nordamerikas und zahlreichen anderen primitiven Völkern hoch entwickelt ist. trägt das Ihrige zur Zertrümmerung der Vermögen bei; indessen wirkt noch manches andere dem Ansammeln des Geldes und vor allem seiner Vererbung entgegen.

Da bleibt zunächst noch lange ein Rest des alten Kommunismus lebendig genug. um allen Versuchen. mög-

[1] Mémoires concernant les Chinois. IV. p. 318.

lichst viel Besitz in eine Hand zu vereinigen, einen wirksamen Riegel vorzuschieben, ja wo ein eigentliches Schuldenund Zinsenwesen fehlt, hat der Mächtige, in dessen Hause
die Abgaben des Volkes zusammenströmen, kaum eine
andere Wahl, als mit Hilfe seines Reichtums zu „repräsentieren“, oder, mit anderen Worten, das Volk am Genusse
teilnehmen zu lassen. Sein Gewinn liegt dann ganz auf
dem sittlichen Gebiete; denn mögen die Schätze, die einer
aufhäuft, ihm auch ein gewisses moralisches Uebergewicht
geben, recht fruchtbar werden sie doch erst, wenn er sie
freigebig an seine Freunde und Anhänger verteilt, deren
Herzen gewinnt und sich damit eine wirkliche, auf treuer
Ergebenheit beruhende Macht im Volke begründet. Das
ist die Anschauung, wie sie unter den germanischen
Stämmen der älteren Zeit durchaus gewöhnlich war: Nicht
der Häuptling oder König, der wie ein Drache über seinen
Schätzen brütete, war das Ideal jener Scharen, die Rom
in den Staub warfen, sondern der grossmütige Heeresfürst,
der offene Tafel hielt, seine Schätze mit vollen Händen
seinen Getreuen spendete und durch reiche Geschenke
wackere und handfeste Gesellen an sich fesselte. Noch
im Mittelalter ist die gepriesenste Eigenschaft des Fürsten
neben der Tapferkeit im Kriege die „Milte“, die unerschöpfliche Freigebigkeit, und selbst ein Dichter wie
Walther von der Vogelweide wird nicht müde, sie zu
fordern und zu preisen. Vom Landgrafen Hermann von
Thüringen sagt er rühmend:

> Ich bin des milten lantgraven ingesinde;
> Ez ist min site, daz man mich iemer bi den tiursten vinde.
> Die andern fürsten alle sint vil milte, iedoch
> So staeteclichen niht: er waz ez ê und ist ez noch.

Und die Freigebigkeit Leopolds von Oesterreich versetzt ihn in Begeisterung:

Man sach den jungen fürsten geben,
als er niht lenger wolte leben.
Dâ wart mit guote wunders vil begangen.

Die Indianerstämme des Missourithales hegten ganz
dieselben Anschauungen; Freigebigkeit erwarb Ansehen
und Macht, und die grossen Geschenkfeste wurden ebenso
wie die kriegerischen Ruhmesthaten auf die Mäntel gemalt,
die man bei feierlichen Gelegenheiten trug [1]). Auch die
Fürsten auf Tahiti gaben fast mehr aus als sie einnahmen,
alle Einkünfte wurden alsbald unter ihre Anhänger verteilt [2]). Kommt gegenseitige Eifersucht und Wetteifer
hinzu, so entsteht oft die tollste Verschleuderung des Besitzes. Selbst die armseligen Australneger von Queensland
teilen gern Geschenke an ihresgleichen aus, um sich einen
Namen zu machen [3]).

Die Freigebigkeit ist geradezu geboten, wenn der Besitz aus geniessbaren, dem Verderben ausgesetzten Stoffen
besteht, sie lässt dagegen nach, wenn dauerhafte Geldsorten
den Reichtum verkörpern. Der tonganische Häuptling
Finau hatte diese Gefahr wohl erkannt, als er in einem
Gespräch mit Mariner [4]) sich abfällig über das gemünzte
Geld äusserte; es werde dazu führen, dass man Reichtümer aufhäufte, „statt die Schätze den Dürftigen zu geben,
wie es einem Häuptling ziemt.“ Das erinnert an die Szene
in Goethe's Satire „Götter, Helden und Wieland“:

Herkules: Wir hatten die bravsten Kerls unter uns.
Wieland: Was nennt Ihr brave Kerls?
Herkules: Einen, der mitteilt was er hat. Und der
Reichste ist der Bravste.

---

[1]) Tagebuch des Malers Friedrich Kurz, S. 188, 196.
[2]) Ellis, Polynesian researches, II, p. 373.
[3]) Lumholtz, Unter Menschenfressern, S. 213, 245; Ueber
Schenkfeste der Maoris vgl. Brown, New Zealand, p. 69.
[4]) Nachrichten über die Tonga-Inseln, S. 239.

Dieses „Mitteilen“ kann geradezu zur Pflicht werden. Derartige Anschauungen herrschen u. a. noch bei den civilisierten Eskimos der grönländischen Westküste ganz allgemein. „Selbst wenn der Eskimo Sinn dafür hätte, sich Reichtümer zu sammeln“, sagt Nansen, „was jedoch nur selten der Fall ist, würden seine Genossen Anspruch auf sein überflüssiges Eigentum machen können. So entsteht denn in Grönland das natürliche Missverhältnis, dass die ins Land gezogenen Europäer, die von den Eingebornen leben, sich Reichtum sammeln und im Ueberfluss leben können, während die Eingeborenen selber es nicht können, selbst wenn sie es wollten. Nicht einmal über seinen Fang hat der Grönländer freie Verfügung. Es giebt aus alten Zeiten herstammende Regeln, wonach derselbe verteilt wird, und nur ganz einzelne Tierarten darf er einigermassen für sich und seine Familie behalten.“

Im allgemeinen sind freilich die altkommunistischen Gegenmittel gegen den Reichtum nicht von Dauer oder ihre Wirkung ist unsicher. Manche Arten des Besitzes scheinen den Geiz unmittelbar zu begünstigen, vor allem die Rinderwirtschaft, die in eine förmliche Sammelwut umschlagen kann; v. Bülow behauptet z. B., dass der ausgesprochene Geiz der Herero sich aus der übermässigen Schätzung und Vermehrung des Viehbesitzes erklärt[1].

Indes giebt es noch andere Schranken, die einer unbegrenzten Ansammlung von beweglichen Besitztümern entgegenwirken. Eine ganze Gruppe von Anschauungen und Sitten, die aus dem Totenkult entspringt, führt zu einer beständigen Zerstörung oder Unbrauchbarmachung von Wertbesitz und hindert dadurch aufs entschiedenste, dass sich die aufgehäuften Reichtümer vererben und endlich zu gefährlichen Machtmitteln anschwellen. Der ur-

[1] Drei Jahre im Lande Hendrik Witboois, S. 123.

sprüngliche Gedankengang dabei hat mit diesem späteren, halb zufällig erreichten Zwecke gar nichts zu thun, sondern läuft auf die Ansicht hinaus, dass der Verstorbene seine Besitzrechte keineswegs aufgiebt und eifersüchtig darüber wacht, dass kein Erbe sich seines Eigentums bedient. Um also nicht der Rache des als Gespenst umgehenden Toten zu verfallen, giebt man ihm seinen Besitz mit ins Grab oder auf den Scheiterhaufen, oder man lässt seine Hütte mit allem Inhalt unbenutzt stehen und zerfallen, kurz, man stellt den angesammelten Besitz der eigentlichen Absicht nach zur Verfügung des Toten, beseitigt ihn aber in Wirklichkeit ganz und hebt damit auch seine bedenkliche soziale Wirkung auf. Zuweilen hat die ganze erwerbende und sammelnde Thätigkeit eines Menschen überhaupt nur den Zweck, genügende Mittel für die Reise ins Jenseits und das Leben im Seelenlande zusammenzubringen, und niemand wird es sich einfallen lassen, ihm auch nur das geringste nach seinem Tode vorzuenthalten. Beispielsweise mag erwähnt sein, dass der „König" Powhatan in Virginien ein Schatzhaus mit Fellen, Kupfer, Glasperlen u. s. w. gefüllt hatte, dass aber alle diese Schätze nur für sein Begräbnis bestimmt waren[1]). In einigen Teilen Westafrikas häufen Wohlhabende ungeheure Mengen von Kleiderstoffen auf; in diese wird nach dem Tode die Leiche gewickelt, bis zuletzt ein unförmlicher Ballen entsteht, für den ein besonderes Haus erbaut werden muss[2]). Im Gebiete von Yoruba vernichtet nach dem Tode eines Häuptlings eine seiner Frauen allen seinen Wertbesitz und sein Muschelgeld und tötet sich dann selbst[3]); zu Atta am Niger aber war, als Lander den Ort besuchte, der ungeheure Frevel vorgekommen, dass der neue Häuptling die mit seinem

[1]) Strachey, Virginia Britannia, S. 54.
[2]) Degrandepré, Reise nach der westl. Küste von Afrika, S. 79.
[3]) Lander, Reise zur Erforschung des Nigers, I, S. 85.

Vater begrabenen Schätze von Muschelgeld (angeblich 7 bis 8 Häuser voll) wieder ausgegraben und für sich verwendet hatte: die Entrüstung über den unnatürlichen Sohn war allgemein [1]).

Den Häuptling von Atta mögen bei seinem Vorgehen wohl keine tieferen Beweggründe geleitet haben. Immerhin ist es klar, dass durch die Vernichtung angehäufter Geldmittel und Wertbesitztümer zwar eine soziale Gefahr gemindert, dafür aber oft in unliebsamster Weise einerseits der Nationalreichtum verringert, andererseits die Menge umlaufender Geldmittel auf ein ungenügendes Mass herabgedrückt wird. In Kulturstaaten hat man sich deshalb genötigt gesehen, dem Brauche durch Gesetze zu steuern: eine Verordnung Kaiser Theoderichs verbot seinen Unterthanen, den Toten Geld mit ins Grab zu geben [2]), und in Japan befiehlt ein Gesetz vom Jahre 646: „Gold, Silber, Kupfer und Eisen sollen nicht mit ins Grab hineingelegt werden .... Perlen und Edelsteine sollen nicht in den Mund hineingesteckt werden: Hemden aus Perlen und Harnische aus Edelsteinen sollen den Leichen nicht angelegt werden. Dies alles wird von thörichten Leuten gethan" [3]).

Die Zerstörung des Besitzes beschränkt sich nicht auf die Mitgaben an die Toten, als deren letzter Rest die bekannte Totenmünze anzusehen ist, die in der Regel als Fährgeld für den Verstorbenen dienen soll [4]). Ausserordentlich ist auch die Vernichtung und Verschleuderung von Wertbesitz, insbesondere Vieh und Lebensmitteln, bei jenen grossen Totenfesten, die sich aus Opfern entwickelt haben und bei manchen Völkern nicht nur die Ansammlung des Reichtums wirksam hindern, sondern zu wirtschaftlichen

[1]) a. a. O., II, S. 103.
[2]) J. H. Müller, Deutsche Münzgeschichte, S. 93.
[3]) Florenz, Nihongi, S. 31, 33.
[4]) Vgl. darüber Andree, Parallelen, II, S. 24—29.

Kalamitäten geworden sind. Selbst der geizige Herero schlachtet beim Tode eines Häuptlings unbedenklich Massen von Vieh [1]. von den Balantes wird sogar alles Vieh eines Verstorbenen sofort getötet und verzehrt [2]; am entwickeltsten aber sind diese Totenfeste im malayischen Archipel, wo bei häufigen Todesfällen eine Familie vollständig ruiniert wird [3]. oder wo man (auf den Key-Inseln) eine Beerdigung oft lange Zeit hinausschieben muss, weil die nötigen ausserordentlichen Mittel noch nicht zusammengebracht sind [4].

Zuweilen umgeht man in eigentümlicher Weise die Zerstörung des Besitzes, ohne ihn doch in einer Hand zu lassen. und zerteilt so gewissermassen die gefahrdrohende Anschwellung von Säften. die an einzelnen Punkten stattfindet. ohne Schaden für den Organismus. Es geschieht dies dadurch. dass nicht die Nachkommen. sondern alle Angehörigen des Stammes als Erben auftreten. wobei man offenbar von der Ansicht ausgeht. dass die grosse Zahl der Teilnehmer den Verstorbenen in seinen Rachegefühlen irre macht oder ihn einschüchtert; alte kommunistische Ideen sind dabei natürlich ebenfalls wirksam. Einen Uebergang zu dieser Anschauung zeigt die Sitte der Bubi auf Fernando Póo. dem Toten seinen Schmuck zwar mitzugeben. sein Muschelgeld und seine sonstigen Besitztümer aber zu verteilen [5]. Das Eigentum eines verstorbenen Eskimo ist Gemeingut [6]. Von den Motu bei Port Moresby wird dem Toten zwar feierlich aller Schmuck angelegt. im letzten

---

[1] Gürich, Deutsch Südwest-Afrika, S. 119.
[2] Hecquard, Reise nach Westafrika. S. 81.
[3] Ling Roth, The Natives of Sarawak, I, p. 141.
[4] Rosenberg, Der malayische Archipel, S. 351.
[5] Allen und Thomson, Expedition to the River Niger, I, p. 202.
[6] Lubbock, Origin of Civilisation, p. 354. Auch das Eigentum eines verstorbenen Indianers wird verschenkt (Loskiel, Mission der evangel. Brüder, S. 82).

Augenblick aber nimmt man ihm diesen Wertbesitz ab und
verteilt ihn unter die Anwesenden[1]). Ueberhaupt ist die
Austeilung von grossen Geschenken bei Totenfesten vielfach und in den verschiedensten Gebieten Sitte: in Neu-
seeland aber ist sie sogar in eine Art legale Plünderung
ausgeartet. die früher sehr wunderliche Blüten trieb[2]).

Alle diese verschiedenen Gegenmittel gegen den Reichtum werden oft, wie gesagt, nur halb bewusst angewendet.
Aber wenigstens in einem Gebiete des Binnengeldes, auf
den Karolinen, werden mehrere solcher Mittel mit vollem
Zielbewusstsein vereinigt und festgehalten, da bei der geringen Menge des Geldes dies beständig in Umlauf bleiben
muss[3]). Hier werden die Häuptlinge, in deren Händen
sich naturgemäss das Geld ansammelt, nicht nur in gleicher
Weise wie alle anderen bei jeder passenden Gelegenheit
mit Geldstrafen belegt. sondern sie haben auch bestimmte
grosse Ausgaben zu machen, die das Geld wieder unter

---

[1]) Edelfelt in Bull. Queensland Branch R. Geogr. Soc., VII,
p. 20. Den Besitz der Mutter erhalten gewöhnlich die Töchter (vgl.
oben S. 11).

[2]) Brown, New Zealand, p. 23. In ähnlicher Weise scheint
sich in Japan aus ursprünglichen Sühn- und Opfergaben ein förm-
liches Erpressungssystem (Harai) ausgebildet zu haben, über das
leider nur unzusammenhängende Angaben vorliegen (vgl. Florenz,
Nihongi, S. 34 u. a.). Dass es auch mit dem Totenkult zusammen-
hing, scheint folgende Stelle einer Kaiserlichen Verordnung zu beweisen: „Es sind Fälle vorgekommen, dass in weit entlegenen Provinzen zur Arbeit verwendete Leute auf der Rückkehr nach der
Heimat plötzlich krank geworden und am Wege gestorben sind.
Da haben die Leute in den Häusern am Wege gesagt: ‚Warum lässt
man den Mann auf unserem Wege sterben?‘ Dann haben sie die
Gefährten des Verstorbenen angehalten und an ihnen zwangsweise
das Harai vollstreckt (d. h. sie ausgeplündert). Daher giebt es viele
jüngere Brüder, welche die Leichname ihrer auf dem Wege ge-
storbenen Brüder nicht bestatten,“ (a. a. O., S. 35.)

[3]) Kubary, Beiträge, S. 22.

die Leute bringen. Im Volke selbst ist schon durch die zahlreichen Abgaben und Strafen, die bei Beleidigungen, Käufen, Krankheiten und Todesfällen zu leisten sind, genügend für den Umlauf des Geldes gesorgt, es ist aber zum Ueberfluss die Bestimmung getroffen, dass niemand die Gegenstände des praktischen Gebrauches, die er anfertigt, selbst verwenden darf, sondern dass er sie verhandeln und an ihrer Stelle andere kaufen muss. Alle Preise sind dabei durch das Herkommen fest bestimmt, das Binnengeld wird also auf diese Weise recht gut dem Zwecke dienstbar gemacht, das soziale Gleichgewicht innerhalb der Gemeinschaft zu erhalten, ganz im Gegensatz zum Aussengeld, aus dessen ungestörter Wirksamkeit die ungleichmässige Bereicherung der einzelnen zu folgen pflegt. Gleichzeitig aber zeigt dieses Beispiel, in welchem Sinne das typische Binnengeld nur ein Vorläufer des europäischen Kurantgeldes ist, ohne ihm völlig zu gleichen.

Wenn sich die bisher genannten Beschränkungen des Reichtums aus Einwirkungen auf die Persönlichkeit der Besitzer oder ihrer Rechtsnachfolger entwickelt haben, so müssen endlich auch die sachlichen Hindernisse erwähnt werden, die aus der Natur des primitiven Geldes selbst hervorgehen. Zunächst ist die Menge des vorhandenen Geldes oft überhaupt nicht bedeutend und sein Wert nicht allzugross, eine gefährliche Anhäufung in grossen Massen also gar nicht möglich. Viele primitive Geldarten sind ferner nicht von unbegrenzter Dauer, es sind „Schätze, die Motten und Rost fressen", wie die alten Matten in Melanesien und Samoa, alle Arten des Kleidergeldes und die unedlen Metalle. Endlich sind sie oft zu massig und schwerfällig, dabei von zu geringem inneren Werte, um massenhaft angesammelt werden zu können: um übermässigen Reichtum unmöglich zu machen, behielt bekanntlich Sparta das unbequeme Eisengeld noch bei, als die

anderen Staaten Griechenlands längst zur Silberwährung
übergegangen waren. Besonders der Nomade, der beständig
seinen Aufenthaltsort wechselt, kann unmöglich schwere
Geldmassen mit sich schleppen, sein Reichtum sind die
Herden, die um sein Zelt grasen. Freilich ist er damit
nicht besser gestellt: Viehseuchen bedrohen seinen Besitz
und der Neid kriegerischer Nachbarn erhält ihn in beständiger Unruhe. Ist ja vielfach der Räuber das letzte Mittel
gegen den Reichtum, und nicht nur Schillers Karl Moor
hat das Bewusstsein, damit eine höhere Sendung zu erfüllen, — seine Räuberlogik ist auch manchem Banditen
Italiens oder Spaniens geläufig genug.

7

Einfluss des Aussenhandels. Primitive Handelsformen. Das Aussengeld.

Das Binnengeld ist, wie gesagt, die Hauptwurzel des Geldwesens überhaupt, und es kann, wenn es sich normal entwickelt, endlich den grössten Teil jener Aufgaben erfüllen, für die das Geld der heutigen Kulturvölker bestimmt ist. Aber gerade in seinen typischen Formen, die der Anschauungsweise eines bestimmten Stammes oder Volkes angemessen sind, verliert es seinen Wert und seine Kaufkraft, wenn es die Aufgaben des Aussenhandels mit übernehmen soll; die Erweiterung des Gesichtskreises und des Verkehrs muss demnach in mannigfacher Weise umbildend auf die Zustände des Geldwesens einwirken. Ganz unbeeinflusst durch den Aussenhandel ist vielleicht keine der Arten von Binnengeld geblieben, die wir gegenwärtig noch studieren können, aber die Einwirkung ist in sehr verschiedener Art und mit sehr verschiedenen Ergebnissen erfolgt.

Da ist zunächst an die schon oben charakterisierte Thatsache zu erinnern, dass vielfach das Binnengeld, obwohl es nur innerhalb eines Stammes als wirkliches Geldmittel kursiert, doch nicht von diesem Stamme selbst hergestellt, sondern als Ware aus einem benachbarten Gebiete eingeführt wird. Eine gewisse Schwierigkeit der Beschaffung,

die eine der erwünschtesten Eigenschaften des Binnengeldes
ist, wird auf diese Weise einigermassen gewährleistet. Ist
das Zahlmittel einmal von dem betreffenden Stamme aufgenommen, dann verhält es sich vollkommen wie echtes
Binnengeld, es dient dem Verkehr und den sozialen Aufgaben innerhalb des Volkes, während es für den Handel
nach aussen hin nunmehr keine Bedeutung mehr hat. So
besass früher jeder Bezirk in Abessinien sein besonderes
Perlengeld, das einen eigenen Namen führte, und zwar
durch den Handel ins Land gebracht wurde, aber nur
innerhalb des Bezirkes als Geld umlief [1]); die in Dar-For
und Kordofan als Zahlungsmittel kursierenden Achatperlen
stammten aus Indien. Aber gerade die Perlen in ihrer
Doppelbedeutung als Schmuck und Geld sind den Ein-
flüssen der Mode unterworfen, die wieder durch das reich-
liche Angebot des Handels zu grösster Launenhaftigkeit
gereizt wird. Daher der rasche Wechsel der Perlenmoden
und damit der Binnenwährung bei zahlreichen afrikanischen
Stämmen. Selbst in Tabora, wo die Perlen als Schmuck
kaum mehr üblich sind und nur noch als Zahlmittel dienen,
sind diese launenhaften Geschmacksänderungen wirksam [2]).
Manche Afrikareise ist teilweise daran gescheitert, dass die
mitgenommenen Perlen sich als wertlos erwiesen, entweder
weil sie überhaupt dem Geschmacke der Eingeborenen nicht
zusagten, oder weil seit der letzten Berührung eines Stammes
mit europäischen Reisenden ein Umschwung der Mode ein-
getreten war. Die unmodern gewordenen Perlen sind dann
allenfalls noch als Geschenk loszuwerden, aber kaufen und
handeln lässt sich damit nicht.

Nicht selten wird sich der Handel mit Bewusstsein
der massenhaften Einführung eines Binnengeldes zuwenden

---

[1]) Burckhardt, Reisen in Nubien, S. 409.
[2]) Graf Schweinitz, Durch Ostafrika in Krieg und Frieden,
S. 91.

und auf diese Weise vorübergehend grosse Gewinne erzielen: die Folge ist freilich meist eine rasche Entwertung
des Geldes und die Zerrüttung des kleinen sozialen Organismus, in dessen Adern plötzlich allzuviel Blut zirkuliert.
Die Kaurimuschel ist wohl am häufigsten als Ware ausgeführt worden, um dann in bestimmten Bezirken als Geld
umzulaufen, in diesem Falle ohne allzubedenkliche Folgen,
da sich in der Regel gleichzeitig das Gebiet, in dem sie
Geltung hatte, zu vergrössern pflegte. Die Unmassen von
Kauris, die in Westafrika im Verkehr sind, stammen
sämtlich von den Malediven oder aus Ostafrika und sind
in ungezählten Schiffsladungen durch europäische Kaufleute
eingeführt worden, und auch China muss die Kaurimuscheln,
die früher dort als Geld dienten, durch den Seehandel erhalten haben. Wie europäische Kapitäne den Bewohnern
der Carolineninsel Yap zu ungeheuren Stücken ihres beliebten Steingeldes verholfen haben, ist schon erwähnt.
Das Dentaliumgeld der nordwestamerikanischen Indianer
ist durch die massenhafte Einfuhr der Muschel gänzlich
entwertet worden und dient nur noch als Schmuck; die
Muschel selbst wurde erst ins Land gebracht, nachdem der
Versuch gescheitert war, porzellanene Nachbildungen in
Verkehr zu bringen [1]. Auch die in demselben Gebiete
als Geld gebrauchten Kupferplatten sind nachgeahmt worden,
aber die neuen Stücke werden nicht entfernt so hoch geschätzt wie die echten alten Exemplare [2].

Derartige Nachbildungen und Fälschungen sind oft
unternommen worden, meist freilich ohne Erfolg, da der
Betrug rasch durchschaut wurde und die vielen eigen-
artigen Bezüge des Binnengeldes zu Sitte und Aberglauben
die Aufnahme hinderten. Am meisten Glück hatten die
europäischen Händler mit der Nachbildung des Wampun-

[1] Niblack, The Indians of the Northwest Coast. p. 334.

[2] Jacobsen's Reise an der Nordwestküste Amerikas, S. 31.

geldes der nordamerikanischen Indianer[1]), das anfangs sehr spärlich vorhanden war und stellenweise vielleicht erst infolge der starken Zufuhr von aussen die Eigenschaft eines allgemein üblichen Zahlungsmittels gewonnen hat, freilich dann auch allmählich seinen Wert verlor: das aus Porzellan verfertigte Wampun wurde anfangs zurückgewiesen, kam aber mit der Zeit doch in Aufnahme[2]).

Aber der Handel wird immer dahin neigen, eigene Medien des Umsatzes zu schaffen, die er dann in der Regel nicht dem Binnengeld entnimmt, sondern unter den Handelswaren aussondert. Das ist der Weg, auf dem sich neue Geldarten entwickeln, die keine sozialen Aufgaben innerhalb des Stammes zu erfüllen haben, sondern zunächst einfach dazu bestimmt sind, den Austausch der Waren zu erleichtern und übersichtliche Wertangaben zu ermöglichen. Dass indessen diese Entwickelung nicht allzu rasch vor sich geht und vielfach nicht über die ersten Anfänge hinausgekommen ist, erklärt sich aus dem Entstehen der Handelsbeziehungen überhaupt, auf die wir zunächst einen flüchtigen Blick zu werfen haben.

Fast überall, wo wir primitive Stämme im Handelsverkehr finden, sehen wir das gegenseitige Beschenken als einen wichtigen und unentbehrlichen Vorgang sich abspielen, so besonders auffallend in Afrika, wo europäische Reisende durchaus mit dieser Sitte zu rechnen haben. In neuerschlossenen Gebieten, deren Bewohner noch nicht durch europäische oder arabische Geschäftsgrundsätze beeinflusst sind, tritt der Handel sogar ganz zurück; der Reisende sendet dem Häuptling sein Geschenk und wird von diesem mit Obdach und Nahrung versehen, sofern die Eingeborenen überhaupt freundlich gesinnt sind. Die Geschenke werden

---

[1] Vgl. Parkman, Die Jesuiten in Nordamerika, S. 11; Loskiel, Geschichte der Mission der evangel. Brüder, S. 34.

[2] E. v. Martens in Zeitschr. für Ethnologie, 1872, S. 68.

nicht als Handelsgeschäft, sondern als Freundschaftszeichen betrachtet. Hier erschliesst sich uns
eine Kulturschicht, in der vom Handel im eigentlichen
Sinne gar nicht die Rede ist, sondern zwischen zwei benachbarten Stämmen nur zwei Arten der Berührung denk-
bar sind, die kriegerische, bei der man gewaltsam Beute
zu machen sucht, und die freundschaftliche, die durch
Austausch von Geschenken bekräftigt wird. Zustände
dieser Art sind noch zu beobachten. Von den Maori ver-
sichert Gisborne, dass sie ursprünglich keinen Begriff
vom Handel hatten, sondern dass der Krieg der normale
Zustand war, befreundete Stämme aber sich gegenseitig
beschenkten; daneben wurde Gastfreundschaft im weitesten
Sinne geübt. Auch der mikronesische Handel ist als ein
Austauschen von Geschenken bezeichnet worden, und von
den Arhuacos sagt Sievers: „Sie gewöhnen sich schwer
an das Kaufsystem; mit Geschenken erreicht man mehr als
mit Geld, obwohl sie das letztere gern nehmen, es aber
vergraben oder ihren Frauen in Gestalt von Halsketten
überweisen" [1]).

Wie sich besonders in Afrika Reste dieser Anschauung
finden und der Handel hier stellenweise noch durchaus nicht
das ist, was wir darunter verstehen, mögen einige Beispiele
zeigen. Sehr lehrreich sind die Anfänge des arabischen
Handels mit den Wahumastaaten, die Emin Pascha [2])
schildert: „Es herrscht in Unyoro sowohl wie in Uganda
der Gebrauch, dass jeder Kaufmann bei seiner Ankunft
etwa die Hälfte der mitgebrachten Güter, besonders Pulver,

---

[1]) Gisborne, The Colony of New Zealand, p. 25 and 32;
Sievers in Zeitschr. der Ges. für Erdkunde, Berlin 1896, S. 394.
Auch die deutschen Stämme tauschten nach Tacit. Germania C. 15
Geschenke miteinander aus.
[2]) Emin Pascha, Sammlung von Reisebriefen und Berichten,
S. 114.

Blei, Schrote und Gewehre, dem Herrscher darbringt, der
dafür dem Fremden Haus, Garten, Gaben an Vieh und
Früchten zu Gebote stellt und bei seiner schliesslich doch
einmal erfolgenden Abreise ihm ein Gegengeschenk an
Elfenbein macht, dessen Wert gewöhnlich drei- bis fünf-
fach den Wert jener ersten Geschenke darstellt. Beide
Teile fahren dabei nicht schlecht: der Araber, dem sein
Kapital Frucht trägt, und der König, dem das Elfenbein
nichts kostet, da die getreuen Unterthanen es liefern."
Die Araber haben sich also mit Geschick den herrschenden
Anschauungen zunächst angepasst. Einen ganz ähnlichen
Geschenkhandel trieben nach dem Zeugnisse des Leo Africanus die Händler, die an den Hof des Königs von Gaoga
kamen, indem sie dem König ihre Waren übergaben und
das Doppelte oder Dreifache als Gegengabe erhielten. Auch
in Südwestafrika scheinen die ersten im Lande erscheinen-
den Kaufleute den Handel durch Geschenke eröffnet zu haben.
„Das goldene Zeitalter von Omaruru", sagt von Bülow,
„waren die sechsziger und siebziger Jahre gewesen. Damals
hatten die weissen Jäger Gewehre und Munition, Kleider
und Alkohol, Pferde und Lebensmittel mit vollen Händen
verschenkt, um dafür von den Eingeborenen den Ertrag
ihrer Jagd in Straussfedern und Elfenbein zu erhalten.
Jetzt war der Handel zu einem Kleinverkauf von Lebensmitteln und Kleidungsstücken gegen Ochsen und Schafe
herabgegangen." Ganz allgemein hat sich als Rest des
Geschenkverkehrs die Sitte erhalten, den Handel durch
Geschenke zu eröffnen und wohl auch zu schliessen, sodass
die Geschäftssachen, bei denen auch in Afrika die Gemüt-
lichkeit aufhört, von der älteren freundlichen Sitte gewissermassen umrahmt sind. Gegenseitiges Beschenken leitete
am Gabun früher den Tauschhandel ein [1]), über ähnliche

---

[1]) Bosman, Beschrijv. v. d. Guineesche Goud-, Tand- en Slave-
Kust, II, p. 192.

ostafrikanische Sitten berichtet Reichard ausführlich[1]).
An der Nigermündung führte die Eröffnung des Geschäftes
durch Geschenke an den Häuptling den Namen „break the
trade". Immer finden wir den Brauch, dass der weniger
Mächtige oder der Fremde, der ein besonderes Anliegen
hat, zuerst schenkt, der andere dann das Geschenk nach
Gutdünken erwidert; das Geschenk ist eben zunächst ein
reines Friedens- und Freundschaftszeichen, der Wert Nebensache.

Wie aus den freiwilligen Gaben der Unterthanen die
Steuern, so entstehen aus den Geschenken der Fremden
und Durchreisenden allmählich die Handelsabgaben und
Zölle, auf die gleich noch zurückzukommen ist. Auch sie
sind also im Grunde ein Rest der älteren sozialen Entwickelung, die freilich ganz neuen Zwecken angepasst ist
und zuweilen ganz das Gegenteil der ursprünglichen Sitte
bewirkt. Der alte Brauch zeigt sich auch noch in anderen
Resten. So wurden in Kano gewohnheitsmässig vom Verkäufer 2 Proz. des gezahlten Kaufpreises dem Käufer zu-
rückgegeben, weil ein solches Geschenk Segen brächte[2]).
und die in Yoruba herrschende merkwürdige Sitte, immer
nur die Hälfte des vereinbarten Kaufpreises zu zahlen.
läuft wohl auch auf derartige Anschauungen hinaus. Die
Baluba wieder geben bei Handelsabschlüssen regelmässig
eine Zugabe, die mukallo genannt wird[3]). Zur leichten
gesellschaftlichen Höflichkeitsform hat sich in Tibet und
der Mongolei der Geschenkverkehr umgebildet, wo gewisse
seidene Tücher als regelmässige Begrüssungsgaben aus-

---

[1]) Deutsche Geograph. Blätter, 12, S. 157, 164.

[2]) Denham, Clapperton und Oudney, Reisen und Entdeckungen, S. 546.

[3]) R. u. J. Lander, Reise zur Erforschung des Nigers, I, S. 116;
Pogge in Mitt. der Afrikan. Gesellschaft, IV, S. 258.

getauscht werden [1]). Andererseits werden die Gastgeschenke oft zu einer drückenden Last, ja sie bieten den Vorwand für Erpressungen, die den alten schönen Inhalt des Brauches gänzlich vernichten: so verlangten früher die Burutenhäuptlinge in Turkestan, dass die Karawanen bei jedem von ihnen Halt machten und die Bewirtung durch unverhältnismässige Gegengeschenke erwiderten [2]). In Afrika wird der Handelsverkehr durch unverschämte Geschenkforderungen der Häuptlinge häufig vollkommen lahmgelegt.

Aber nicht nur aus dem freundschaftlichen Geschenkverkehr scheinen sich Handelsbeziehungen entwickeln zu können, sondern auch aus seinem Gegenstück, dem Kriege. Das ist an sich natürlich genug.

Wie der einzelne Mensch in ursprünglichen Verhältnissen eine Menge von Aufgaben zu lösen imstande sein muss, die dem Kulturmenschen die Arbeitsteilung erspart, so stehen auch die Gruppen der menschlichen Gesellschaft in ihren Anfängen als Organismen da, die sich in der Hauptsache selbst genügen müssen und durch Anpassung an die natürlichen Verhältnisse sich im Daseinskampfe zu behaupten haben. Die Gunst oder Ungunst dieser natürlichen Verhältnisse aber schafft Verschiedenheiten, die Neid und Begehrlichkeit erwecken: dem einen Stamm stehen fischreiche Gewässer zu Gebote, der andere hat Ueberfluss an gewissen Früchten, der dritte beutet Salzlager oder Soolquellen aus. Der erste Gedanke ist meist nicht der, sich auf friedlichem Wege Anteil an den besonderen Reichtümern zu verschaffen, sondern man sucht sich durch blutigen Kampf der Schätze zu bemächtigen. Tacitus berichtet

---

[1]) Turner, Gesandtschaftsreise an den Hof des Tesho-Lama, S. 270; Obrutschew, Aus China, I. S. 243; nach Timkowski (Reise nach China, I. S. 78) dienen diese von Lamas geweihten Tücher zugleich als Opfergaben.

[2]) Wenjukow, Die russisch-asiatischen Grenzlande, S. 315.

noch von der Schlacht, die zwischen Chatten und Hermun-
duren um den Besitz salzhaltiger Quellen entbrannte und
mit dem Siege der letzteren endete: um die Fundstellen
der hochgeschätzten Erdfarben in Nordwestamerika wurde
oft in wilden Kämpfen gerungen, und der berühmten
heiligen Pfeifensteinbrüche, die einst das gemeinsame Be-
sitztum aller umwohnenden Indianerstämme waren, bemächtigten sich zuletzt mit Gewalt die Sioux.

Schwache Stämme, die vor der Gefahr stehen, von
stärkeren vernichtet zu werden, dürften oft den Versuch
machen, durch Aufopferung eines Teiles ihrer Besitztümer
sich Schonung zu erkaufen, und leicht entwickelt sich dann
aus der einmaligen Gabe ein regelmässiger Tribut. Giebt
der mächtigere Stamm Gegengeschenke, so sind die Keime
des Handels vorhanden, eines Handels allerdings, der immer
geneigt ist, in seine ursprüngliche Form wieder umzu-
schlagen. In manchen Gebieten ist die Entwickelung noch
nicht einmal so weit vorgeschritten. Die Zustände im
Innern von Borneo charakterisiert Bock [1]), vielleicht etwas
zu summarisch, mit folgenden Worten: „Der Handel besteht
kaum in der rohesten, ursprünglichsten Form, denn niemand
denkt daran, etwas für den Gegenstand, den er begehrt,
in Tausch zu geben; es genügt ihm, wenn er stark genug
ist, ihn durch Gewalt, nötigenfalls durch Mord zu erlangen
und ihn kraft seines Ansehens als Schädeljäger zu behalten.“
Wie Raub und andere Verkehrsformen zuweilen noch eine
enge Verwandtschaft bewahren, schildert Wenjukow [2]) in
treffender Weise: „Der Fremde ist in den Augen der Turkmenen überhaupt ein rechtliches Opfer, und erscheint er
reich genug und wehrlos, so ist sein Schicksal Beraubung ...
In den Fällen, wo die Turkmenen einen Fremden nicht be-
rauben können, ist es ihr Bestreben, möglichst viel Geld

[1]) Unter den Kannibalen auf Borneo, S. 186.
[2]) a. a. O., S. 478.

von ihm beim Handel zu nehmen oder möglichst viel Geschenke von ihm zu erbetteln oder endlich ihn zu bestehlen. Raub und Gewalt erscheinen dann leicht als das Vornehmere, Kaufen und Bezahlen als niedrig und unwürdig. Die Gewohnheit Moltke's, während des Feldzuges in Kurdistan alles zu bezahlen, erregte die Missbilligung und das Erstaunen seiner türkischen Begleiter, denn „wer kann, nimmt ohne Geld" [1]).

Eine Form des Handels, die ohne vorherigen Abschluss freundschaftlicher Beziehungen vor sich geht, ist der seit alter Zeit vielfach geschilderte und noch heute vorkommende „stumme Handel", bei dem Käufer und Verkäufer überhaupt nicht in näheren Verkehr treten oder wenigstens nicht miteinander sprechen. Ob diese Form unmittelbar aus dem Kriege hervorgeht oder eine für sich bestehende Art der Anbahnung von Verkehrsbeziehungen ist, soll hier dahingestellt bleiben; es ist gar nicht unmöglich, dass sie stellenweise auch eine Rückbildung aus entwickelteren Zuständen ist. Um so zweifelloser ist die enge Verbindung von Seeraub und Handel, wie sie meist den Unternehmungen aufstrebender Seevölker eigen ist, mögen sie nun Phönicier, Portugiesen oder Engländer heissen.

Bei all diesen Anfängen ist ein Bedürfnis nach einem allgemeinen Tauschmittel und Wertmesser noch nicht lebhaft vorhanden, und das Binnengeld, wenn es überhaupt existiert, hat gar nichts mit der Sache zu thun.

Wie ohne Geldwerte regelmässige Handelsbeziehungen auch in einfachen Verhältnissen entstehen können, lehrt uns ein Blick auf die primitiven Indianerstämme Guyanas, wie sie uns E. im Thurn in anschaulicher Weise schildert [2]): „Jeder Stamm hat seine besondere Industrie, und seine

[1]) Briefe über die Türkei, S. 294.
[2]) Among the Indians of Guyana, p. 271 ff.

Mitglieder besuchen beständig andere Stämme, selbst die feindlichen, um die Erzeugnisse ihrer Arbeit gegen Dinge auszutauschen, die nur von den anderen Stämmen hergestellt werden. Diese handeltreibenden Indianer dürfen unbelästigt feindliches Gebiet durchziehen.... Unter den Küstenstämmen machen die Warraus bei weitem die besten Boote und versorgen damit die benachbarten Stämme; in derselben Weise bauen weit im Innern die Wapianas Boote für alle Stämme des Gebietes. Die Macusis haben zwei Produkte, die von allen Stämmen sehr begehrt sind, nämlich das Urali zum Vergiften der Pfeile des Bogens und des Blasrohrs, und baumwollene Hängematten. Die Arecunas bauen und spinnen den grössten Teil der Baumwolle, die von den Macusis und anderen zu Hängematten und anderen Dingen verwendet wird; ausserdem liefern sie alle Blasrohre, und die dazu nötigen Palmenstämme, die nur in der Nähe der venezuelischen Grenze wachsen, verschaffen sie sich, wahrscheinlich auch durch Tauschhandel, von einem der daselbst wohnenden Stämme." u. s. w. Die Unverletzbarkeit der Kaufleute deutet noch sehr schön auf die Entstehung des Handels aus dem Austausch von Freundschaftsgeschenken hin. Auch die Anfänge des Zwischenhandels sind bereits vorhanden, denn man benutzt die eingetauschten Waren nicht ausschliesslich für den eigenen Bedarf, sondern verhandelt sie wieder an andere Stämme. So wird auf die einfachste Weise, ohne dass Geld in unserem Sinne gebraucht würde, ein ziemlich lebhafter Handelsverkehr durchgeführt.

Vielleicht haben sich die Verhältnisse in Guyana deshalb so lange auf dieser Stufe gehalten, weil bei den dortigen Indianerstämmen, wohl infolge ihrer besonderen sozialen Entwickelung, ein Binnengeld nicht entstanden ist; in gewissem Sinne darf man die Produkte, mit denen die verschiedenen Stämme handeln, als den Anfang ihres

Geldes bezeichnen, aber des Aussengeldes, dessen Grundbedeutung die eines Tauschmittels ist. Ein Macusi, der eine Menge baumwollener Hängematten fertigt, verschafft sich damit in der That ein Geld, mit dessen Hilfe er alle Erzeugnisse der benachbarten und infolge des Zwischenhandels auch solche entfernterer Stämme kaufen kann. Noch ausgeprägter tritt der Charakter der Waren als einer Art Geldes beim eigentlichen Zwischenhandel hervor: Es kann in diesem Falle z. B. jemand eine grosse Menge Salz aufhäufen, die er weder selbst produziert hat, noch für sich verwenden will, die aber doch einen bestimmten Wert für ihn hat; ist die Ware dauerhaft, viel begehrt und leicht abzusetzen, so wird man sie mit Vorliebe in Zahlung nehmen und endlich dort, wo das Binnengeld sich bereits zu einem bestimmenden Faktor des gesellschaftlichen Lebens entwickelt hat, diesem gleichsetzen. Damit aber bricht auch die Schranke zusammen, die das eigentliche Binnengeld zwischen den einzelnen Stämmen und Völkern aufgerichtet hat, die bisher getrennten Aufgaben des Binnengeldes und Aussengeldes fliessen ineinander, ihre Eigenschaften ergänzen sich und das Ergebnis ist dann endlich das, was wir im Gelde der Kulturvölker als unentbehrliches Hilfsmittel des sozialen Lebens und des Handels kennen. Zuweilen ist diese Verschmelzung noch in ihren ersten Anfängen zu beobachten. Auf der Karolineninsel Yap besteht ein ausgeprägtes Binnengeld, das nur innerhalb der sozialen Gemeinschaft kursiert, während man im Aussenhandel mit benachbarten Inseln vorzüglich Bündel von Gelbwurz verwendet, die man gegen Lendengürtel, Segel, Zwirn und Schmuck aus Kokosschalen vertauscht. Als Zwischenstufe zwischen Binnen- und Aussengeld aber dienen gewisse Schmuckgegenstände u. dergl., die im Binnenverkehr zum Einkauf von Waren gebraucht werden, ohne doch die wichtigen sozialen Aufgaben des eigentlichen Binnengeldes

erfüllen zu können; manchmal aber wird schon derartiges
Mischgeld dem ursprünglichen Binnengeld bei Zahlungen
als Ergänzung hinzugefügt, so dass sich die weitere Entwickelung voraussehen lässt.

Durch den Zutritt des Aussengeldes vermehrt sich die
Zahl der Geldsorten um eine Unzahl praktischer Dinge,
aber freilich wird bei ihm die Grenze zwischen den Begriffen Ware und Geld immer mehr oder weniger schwankend sein. Andererseits verbreitet sich manche Art des
Binnengeldes, das allgemeinen Beifall findet, über weite
Gebiete, erlangt zu seinen sonstigen Eigenschaften nunmehr
auch den Wert als Tauschmittel und wird damit zu einer
vollkommeneren Art des Geldes, als es die aus dem reinen
Tauschhandel hervorgehenden jemals werden können; ein
Schwanken des Begriffs wird hier durch die Umbildung
des Geldes zum blossen Schmuck oder durch den umge-
kehrten Vorgang bewirkt. Binnengeld dagegen, das für
den Handel keine Bedeutung gewinnt, geht allmählich zu
Grunde. Bei allen Fragen dieser Art ist nicht zu vergessen,
dass auch Rückschläge möglich sind und dass einfache Verkehrsformen zuweilen bei Mangel an besseren Tauschmitteln
auch dort hervorgesucht werden, wo die Entwickelung längst
darüber hinausgeschritten war. In Paraguay liess z. B. der
Mangel an Bargeld zur Zeit der Jesuitenmissionen wieder
einen geregelten Tauschverkehr entstehen. „Hat eine
spanische Frau“, schreibt Dobritzhoffer[1]), „Unschlitt-
kerzen nötig, so giebt sie ihrer Schwarzen einen Korb mit
einer Portion Baumwolle, Tabak, paraguayschen Thee,
Zucker und Salz mit. Von diesen nimmt nun die, welche
die Kerzen verkauft, heraus, was ihr beliebt, aber nach
den bestehenden Gesetzen des Preises. . . . Alles, was die
Natur daselbst hervorbringt, hat einen von der Obrigkeit

---

[1]) Dobritzhoffer, Geschichte der Abiponer, I, S. 274.

festgesetzten Preis, welchen die Kaufenden und Verkaufenden genau wissen und beobachten."

Die zweite Quelle des Geldbegriffes lässt sich nunmehr kurz folgendermassen definieren: Das Aussengeld ist eine Ware, die allgemein willkommen und leicht abzusetzen ist, deren Dauerhaftigkeit längeres Aufbewahren gestattet, und die infolgedessen als Medium des Handelsverkehrs zu dienen vermag. Indem sie sich zum Wertmesser und Wertbesitz umbildet, wird sie zum vollkommenen Gelde: gewöhnlich geschieht dies durch den Einfluss des Binnengeldes, das seinerseits von Aussengeld bald verdrängt, bald umgestaltet und in seiner Wirksamkeit erweitert wird. Beide vereinigt bilden das Geld im Sinne der höheren Kultur.

Die Verschmelzung des Aussengeldes mit dem Binnengelde oder die Verwandlung des ersteren in das letztere vollzieht sich oft in einer Weise, die eine Parallele zur Entstehung des Binnengeldes bildet. Wenn es die Geschenke an Mächtigere und in der Folge die Strafen und die Steuern sind, die das anfangs bewegliche Privateigentum in Kurs setzen und endlich zu einem allgemeinen Zahlungsmittel umbilden, so sind es die freiwilligen und unfreiwilligen Geschenke der Händler, also die Marktabgaben und Zölle, die gewisse Handelswaren in grosser Masse in den Besitz der Häuptlinge bringen, damit wie das Binnengeld die Ansammlung von Reichtümern ermöglichen und zugleich mit jenem die Schatzkammern der Mächtigen füllen.

Dass die Zölle in der Regel zunächst in der unverfänglichen Form des Geschenkes auftreten, lässt sich noch vielfach nachweisen: gewisse Zölle mögen allerdings auch als eine Abmilderung des ursprünglichen gänzlichen Ausplünderns nebst obligatem Mord und Totschlag anzusehen

sein. Die europäischen Kaufleute an der afrikanischen
Küste gaben den Häuptlingen anfangs Geschenke für die
Erlaubnis, mit ihren Unterthanen Handel treiben zu dürfen;
die freiwilligen Gaben aber wurden bald zu Gewohnheiten
(Coutumes) und in der Hauptsache zu festgeregelten Zöllen,
während nur noch kleine wechselnde Zugaben den Schein
des freiwilligen Schenkens aufrecht erhielten. Unter den
Steuern, die beim Gummihandel an der senegambischen
Küste zu entrichten waren, erschien früher auch eine, die
den klassischen Namen „erzwungenes Geschenk" führte [1]) und
so in zwei Worten den ganzen Entwickelungsgang klarlegte.

Neben den Marktzöllen und Durchgangsabgaben finden
sich auch andere Steuern, die vorwiegend den Kaufleuten
zur Last fallen und meist den primitiven Stämmen mit
den Kulturvölkern gemeinsam sind. Hierher gehören die
Brücken- und Fährgelder, über die namentlich aus Afrika
zahlreiche Zeugnisse vorliegen. So beobachtete Serpa
Pinto das Brückengeld im Hinterlande von Benguela [2]),
nach Frhr. v. Eberstein ist es im Küstengebiet von
Kilwa üblich [3]), nach Büttner in Angola [4]); bei Seraso
in Lande der Bambara befand sich eine Brücke mit zwei
Wächtern, die von allen Fremden den Brückenzoll erhoben,
während die Einheimischen frei ausgingen [5]). Fährgeld wird
noch häufiger erwähnt, so mehrfach von Cameron [6]), aus
Dahomeh von Reade [7]) u. s. w. Aber auch andere Vor-
teile müssen bezahlt werden. Büttner sollte für die Benutzung eines neu angelegten Weges einen Zoll erlegen [8]).

[1]) Caillié, Voyage à Temboctou, I, p. 200.
[2]) Wanderung quer durch Afrika, I, S. 223.
[3]) Mitteilungen aus den deutschen Schutzgebieten, IX, S. 172.
[4]) Reisen im Kongolande, S. 110.
[5]) Caillié, a. a. O., II, S. 127.
[6]) Quer durch Afrika, I, S. 192, 193, 195.
[7]) The African Sketchbook, II, p. 223.
[8]) Reisen im Kongolande, S. 205.

Lander fand Wegegelder in Yoruba als etwas Gewöhn-
liches[1]), von Marno verlangte man im Lande der Bari
eine Abgabe für den Schatten eines Baumes, unter dem
er lagerte[2]), und eine Zahlung für die Erlaubnis, Salzgras
abweiden zu lassen, erwähnt Passarge aus Adamaua[3]).
Es ist selbstverständlich, dass die Händler zunächst
ihre Abgaben mit einem Teile ihrer Waren bezahlen, die
sie mit sich führen, um so mehr, als diese Waren ja teilweise schon als eine Art Geld zu betrachten sind. Aber
zuweilen findet sich auch bereits die Forderung, dass alle
Zölle nur in Gestalt einer ganz bestimmten Ware erlegt
werden dürfen, und die Kaufleute sind infolgedessen gezwungen, etwas von dieser Ware auf jeden Fall mitzuführen,
auch wenn sie gar nicht mit ihr zu handeln beabsichtigen.
So muss stellenweise in Ostafrika der Zoll in Gestalt eiserner
Haken gezahlt werden, die alle aus Ussukuma stammen[4]);
selbst in Deutschland wurden im Mittelalter mehrfach bestimmte Naturalien als Schiffszoll erhoben, gleichgiltig aus
was die Ladung eines Schiffes bestehen mochte[5]). Im
Hinterlande von Senegambien müssen die Zölle meist in
Kauris erlegt werden, obwohl andere Geldsurrogate daneben
bestehen und eigentlich noch keine feste Währung herrscht;
gewisse Zollstätten an der Lagune von Weidah nehmen nur
Rum in Zahlung[6]) u. s. w. Der Wunsch, aus der über-
grossen Fülle des Aussengeldes die geeigneteren Arten
allmählich auszuscheiden und nur eine kleine Zahl gleichzeitig als Wertmesser und Tauschmittel gelten zu lassen,
zeigt sich überall wirksam.

---

[1]) R. u. J. Lander, a. a. O., 1, S. 61.
[2]) Reise in der ägypt. Aequatorialprovinz, S. 106.
[3]) Adamaua, S. 218.
[4]) Reichard in Deutsche Geogr. Blätter, 12, S. 152.
[5]) Beispiele bei Ilwof, Tauschhandel und Geldsurrogate, S. 36.
[6]) Duncan, Reisen in Westafrika, I, S. 109, 141.

Verschmelzung des Binnen- und Aussengeldes.

Wie die Natur, so macht auch der Geist keine Sprünge, sondern er passt sich erst allmählich neuen Bedingungen an und lernt es erst nach und nach, die Werkzeuge, die er selbst geschaffen hat, völlig auszunutzen. Das Geld ist ein solches Werkzeug, das zuweilen noch in recht ungeschickter Weise gebraucht wird, und das, auch wenn es längst zu etwas einheitlichem geworden ist, noch immer die Spuren seines doppelten Ursprungs kenntlich genug an sich trägt. So ist es gewiss eine Haupteigenschaft des Kulturgeldes, dass man alles, was überhaupt käuflich ist, damit zu erwerben vermag: aber in Wirklichkeit ist ihm diese Eigenschaft nur künstlich gegeben oder sie haftet im Grunde nur einem Teile der Geldmittel an, nämlich den Edelmetallen, oder in Ländern der reinen Goldwährung ausschliesslich dem Golde. Mit einem Berge kupferner Scheidemünze kann man kein Haus kaufen, denn niemand ist verpflichtet und geneigt, die unbequeme Geldmasse anzunehmen; nur dadurch, dass man imstande ist, die Scheidemünze gegen Edelmetall umzutauschen, wird die unbeschränkte Kaufkraft des Geldes hergestellt, wenigstens innerhalb eines bestimmten Staates.

Diese Schwierigkeit, die bei uns eine Hauptursache der endlosen Währungsstreitigkeiten bildet, ist von weniger fortgeschrittenen Völkern noch sehr ungenügend überwunden.

Es ist hauptsächlich das Aussengeld, das unter ihr zu leiden hat, aber auch das Binnengeld bleibt nicht verschont, schon aus dem einfachen Grunde, weil es oft in so grossen und unteilbaren Stücken vorkommt, dass man dafür auch nur sehr wertvolle Dinge kaufen kann. Der Besitzer ist infolge dessen leicht in der Lage eines Mannes, der kein Kleingeld bei sich hat und dem niemand einen Tausendmarkschein wechseln kann. So bildet sich denn oft eine bestimmte Ueberlieferung aus, dass gewisse Gegenstände nur für gewisse Geldsorten zu haben sind und dass es ganz vergeblich wäre, Scheidemünzen dafür zu bieten, also etwa Kaurimuscheln an Stelle von Vieh.

Weit häufiger, wie gesagt, hat das System des Aussengeldes mit dieser Schwierigkeit zu kämpfen, da dem Aussengelde stets der Begriff der Ware mehr oder weniger fest anhaftet und im Kopfe der Händler immer noch der Gedanke festsitzt, dass sie eigentlich nicht kaufen, sondern tauschen. Selbst dort, wo bereits eine feste Währung eingeführt ist, kann sich das Volk nur schwer an das allgemeine Zahlmittel gewöhnen. Zur Zeit Heinrich Barth's hatte man in Bornu die Kaurimuscheln als Wertmesser angenommen, und daneben kursierten Maria-Theresiathaler, aber trotzdem war es unter Umständen sehr schwierig, Lebensmittel auf dem Markte zu Kuka zu kaufen. „Ein kleiner Landmann", schreibt Barth, „will durchaus keine Bezahlung in Muscheln annehmen. Der Käufer, der Korn zu haben wünscht, muss demnach, wenn er nur Thaler hat, diese erst gegen Muscheln vertauschen, mit diesen kauft er ein Hemd, und erst nach vielfachem Tausche ist er imstande, sein Korn zu erhandeln. Die Mühseligkeit, der sich die Käufer zu unterziehen haben, ist in der That so gross, dass ich meinen Diener oft im Zustande äusserster Erschöpfung von dort zurückkommen sah."

Günstiger liegen die Verhältnisse, wo bestimmte Waren

in ein möglichst einfaches und festes Verhältnis zueinander
gebracht sind. Als merkwürdige primitive Anfänge der
Wertmessung kann man es bezeichnen, wenn kurzerhand
ein gewisses Mass oder Gewicht der einen Ware demselben
Mass oder Gewicht der anderen gleich gesetzt, eine durch
die andere aufgewogen wird. So berichtet Burton[1]), dass
zu seiner Zeit das Seesalz an der afrikanischen Küste
gegen das gleiche Mass Holkus (Getreide) verkauft und
ebenso für ein Mass Holkus das gleiche Mass Kaurimuscheln
abgegeben wurde. Wenn die Salzgewinnung wenig Ertrag
gebracht hatte, wurde der Preis einfach verdoppelt. Dass
kostbare Dinge auch bei uns „mit Gold aufgewogen"
worden sind, beweist die noch immer gebräuchliche
Redensart; in Westafrika ist der Vorgang noch zu beobachten, namentlich für die seltenen Aggriperlen wird
oft das gleiche oder auch das doppelte Gewicht in Gold
gezahlt[2]).

Häufig findet sich die Ansicht, dass gewisse kostbare
Waren nur durch Zahlungsmittel zu erwerben sind, die
ihnen an Bedeutung einigermassen entsprechen: Nicht die
Quantität des Geldes entscheidet, sondern die Qualität.
Insbesondere Sklaven kann man in Afrika vielfach nicht
für die gewöhnlichen Tauschmittel kaufen, mit denen man
sich Lebensbedürfnisse verschafft, sondern es müssen ganz
bestimmte kostbare Gegenstände wenigstens einen Teil des
Kaufpreises bilden, entweder Elfenbein oder Gewehre und
Schiesspulver. Auch beim Elfenbeinkauf in Angola sind
Schiesspulver und Gewehre unerlässlich[3]). Die Betschuanen
verkauften nach Lichtenstein[4]) Rindvieh nicht für Tabak,

[1]) The Lake Regions of Central Africa, II, p. 402, 416.
[2]) Duncan, Reisen in Westafrika, I, S. 105; Andree in
Zeitschr. für Ethnologie, 1885, S. 112.
[3]) Monteiro, Angola and the River Congo, I, p. 110.
[4]) Reisen im südlichen Afrika, II, S. 503; vgl. auch Endemann in Zeitschr. für Ethnologie, 1874, S. 35.

sondern verlangten dafür Eisen oder Zeuge, und ihre Mäntel wieder konnten nur gegen lebendes Vieh vertauscht werden. Die heiligen Töpfe der Dajak sind nur für Goldstaub, Achatsteine und Sklaven zu haben [1]). Speere werden bei den Dschagga fast nur gegen Gewehre umgetauscht, andere Waren werden nur ungern und ausnahmsweise genommen [2]). Ein Neger, der Büttner sein Messer gegen Stoffe verkaufen wollte, wurde daran von seinen Dorfgenossen gehindert [3]).

Auch die N'Dakwas am oberen Ubangi hatten nach dem Zeugnis Nebout's [4]) ein merkwürdiges System: Maniok verkauften sie nur für eine bestimmte Art Stoffe, wollte man aber noch andere Lebensmittel haben, so musste man Kauris, Perlen, Blei und andere Arten von Stoffen bieten. In Westafrika ist wieder Gold nicht für jede beliebige Ware einzutauschen. Man erhält z. B. im Gebiete von Bambuk niemals Gold für Glaswaren, Tabak, Gewürznelken oder Branntwein, kann vielmehr für diese Dinge nur Lebensmittel eintauschen; Gold wird nur im Austausch gegen Kleiderstoffe, Salz oder Bernstein abgegeben [5]).

Im Grunde ist die Entstehung derartiger Sonderbarkeiten beim Aussengelde nicht auffallend, sondern hängt

---

[1]) Grabowsky in Zeitschr. für Ethnologie, 1885, S. 127.

[2]) H. Meyer, Ostafrikanische Gletscherfahrten, S. 92.

[3]) Reisen im Kongolande, S. 195.

[4]) Tour du Monde, 1892, II, p. 39.

[5]) Golberry, Reise durch das westliche Afrika, I, S. 256. Im südlichen Neuguinea führte die verschiedene Auffassung über Tausch- und Geldverkehr gelegentlich zu einem blutigen Konflikt. Ein junger Mann wollte dem Dr. James Federn verkaufen und verlangte dafür ein Beil, während der englische Reisende ihm Perlmuscheln dafür bot; als daraufhin der Handel sich zerschlug, stiftete der Zurückgewiesene einen Ueberfall an, der einem Gefährten des Engländers das Leben kostete (vgl. Chalmers u. Gill, Neuguinea, S. 189).

eng mit seiner Entwickelung zusammen. Wenn ein Stamm
mit einem anderen in Verkehr steht und z. B. Töpfe gegen
Pfeile austauscht, so bildet sich leicht die feste Vorstellung,
dass Pfeile immer und überall mit Töpfen bezahlt werden
müssen, dass andere Waren oder Geldsorten für diesen
Zweck nicht zu brauchen sind. In Australien wird ein
Grünsteinbruch von einem Stamme ausgebeutet, der im
Austausch für das vielbegehrte Mineral Speere entgegen-
nimmt; man kann also Grünstein nur für Speere kaufen[1].
Ein anderer Stamm verhandelt seine Aale gegen Wurzeln,
ein dritter Schilde gegen Gürtel, und so kann denn jemand,
der viele Aale gefangen hat, sich dafür wohl eine Menge
essbarer Wurzeln verschaffen, aber nicht etwa einen Schild.
Sehr hübsch zeigt das Entstehen derartiger Tauschwerte
eine Angabe H. Köler's: Die Matrosen, die an der Nigermündung landen, nehmen meist einen der dort häufigen
grauen Papageien mit, und da sie diese Vögel gewöhnlich
für eins ihrer Hemden von den Eingeborenen eintauschen,
so hat sich endlich der feste Gebrauch gebildet, dass für
einen Papagei ein rotes Matrosenhemd gezahlt werden
muss[2].

Dass übrigens auch das Binnengeld ähnliche Erscheinungen zeigen kann, ist schon erwähnt. Finsch beschreibt
drei Arten Muschelgeld von Neu-Irland[3], die verschiedene
Bestimmungen haben. „Die erste Sorte (Kokonon luluai)
dient im gewöhnlichen Verkehre und wird meist zum
Friedenstiften benutzt. Die Eingeborenen pflegen Schnüre
dieses Muschelgeldes, am Kopfhaar angebunden, bei sich
zu führen, um kleine Einkäufe zu bestreiten oder eventuell
sich bei einem Ueberfalle freizukaufen.... Die zweite
Sorte (Kokonon) ist wertvoller als die vorhergehende und

[1] Brough Smyth, Aborigines of Victoria, I, p. 181.
[2] Köler, Notizen über Bonny, S. 150.
[3] Ethnologische Erfahrungen, I, S. 127.

wird hauptsächlich zum Kaufen von Frauen benutzt. . . . Die dritte Sorte ist die wertvollste: sie wird besonders zum Kaufen von Frauen, Kanus u. s. w. benutzt und gilt an der ganzen Nordwestküste." Ganz ähnliche Verhältnisse herrschen nach Kubary[1]) auf den Palau-Inseln, wo die zahlreichen Arten alten Perlengeldes in ein verwickeltes System gebracht sind. „Taro, Oel, Syrup und Tabak werden mit dem gewöhnlichen Mor or Kaymó und Matál o adolóbok bezahlt. Will man aber ein Segel kaufen, so muss man ein Adolóbok von der wichtigen Sorte geben, soll man die durch Sitte gebotene Heiratsabgabe entrichten, so muss man ein seinem Range entsprechendes Geldstück geben und so in vielen Sachen. Deshalb, wenn jemand eine Bezahlung zu leisten hat, so muss er bei allen seinen Bekannten suchen und nachfragen und endlich gegen Sicherheit borgen." Das Wechseln eines grösseren Geldstückes ist hier mit einer Menge verwickelter Umstände verknüpft, manchmal fast unmöglich.

Der Mangel einer festen Werteinheit zwingt zu allerlei Versuchen, mit Hilfe der verschiedenen selbständig nebeneinander stehenden Geldsorten die Preise der wertvolleren Dinge einigermassen zu regeln, gewöhnlich in der Weise, dass der Kauf nicht mit einer einzigen Geldart erfolgen kann, sondern dass mehrere in bestimmten Verhältnissen vertreten sein müssen. So zahlte Fischer dem Massai für je einen Ochsen 30—40 Eisendrahtringe, 10 Messingdrahtringe und 40—100 Schnüre Perlen, als Sühne für einige im Kampfe gefallene Massai dagegen 1½ Last Eisendraht, 50 Ringe Messingdraht, 600 Stränge Perlen und 14 Kriegsmäntel[2]). Noch mannigfaltiger pflegt der Kaufpreis beim Elfenbein- und Sklavenhandel an der afrikanischen West-

[1]) Ethnographische Beiträge, S. 9.
[2]) Mitt. der Geogr. Gesellsch. in Hamburg. 1882—83, S. 56.

6*

küste zu sein. „Für jeden Zahn von einigermassen ansehnlicher Grösse", sagt Wilson[1]), „beansprucht man so und so viele Flinten, so und so viele Fässchen Pulver, Kupferpfannen, Waschbecken. Flintensteine u. dergl., im ganzen nicht unter dreissig Gegenstände, die im Verhältnis zur Grösse des Zahnes vermehrt werden müssen. Wenn der Zahn ungefähr hundert Pfund wiegt, verlangt der Verkäufer wenigstens zehn Stück von jedem dieser Gegenstände. Das ganze Handelsgeschäft ist überaus langweilig und für einen Neuling höchst verdriesslich."

Auf diese Weise verflüchtigt sich freilich wieder der Hauptbegriff des Geldes, die Unzahl der Tauschmittel, die den begehrlichen Sinn des Negers reizen und verwirren, hindert die Entstehung eines festen Wertmessers, während andererseits die europäischen Geldsorten den Eingeborenen in ihrem konventionellen Werte noch unverständlich sind. Unter solchen Verhältnissen entstehen dann jene rein imaginären Wertmesser, die in Westafrika besonders charakteristisch entwickelt sind, aber auch sonst vorkommen. Gewöhnlich wird ein bestimmtes Quantum der am meisten gehandelten Ware als Einheit gesetzt, mit einem willkürlich gewählten Namen genannt und nunmehr als Massstab aller Werte angewendet. Am bekanntesten ist das Kru, das in Kamerun als Wertmesser dient, ursprünglich einer bestimmten Menge Palmöl entspricht und neuerdings 20 Mk. deutscher Reichswährung gleichgesetzt worden ist[2]); an der Küste von Sierra Leone war die „Barre" (Eisenbarre) als Wertmass eingeführt, von Kap Mesurado bis Kap Palmas das „Round"[3]). In Bonny galt die „Bar" (von den Eingeborenen intsche oder atsche genannt), der z. B. 5 Köpfe Tabak oder eine

---

[1]) West-Afrika, S. 184.

[2]) Ausland, 1889, S. 116.

[3]) Winterbottom, Nachrichten von der Sierra Leone-Küste, S. 226.

Flinte entsprachen[1]), in Angola war das „Stück" (peça)
oder „Long" gebräuchlich[2]). In Ambrizette ist die „Flinte"
das ausschliessliche Wertmass für den Elfenbeinhandel, für
andere Waren ist es das Stück Baumwollstoff[3]). Dem
europäischen Kaufmann ist diese merkwürdige Art der
Preisberechnung, die freilich unendliche Geduld beim
Kaufgeschäfte erfordert, doch nicht unsympathisch, da er
durch geschickte Benutzung der Preislagen bedeutende
Gewinne einheimsen kann, ohne dass ihm der Neger so
recht in die Karten zu sehen vermag. Eine verwandte
Erscheinung ist es auch, wenn die Giljaken am Amur die
chinesische Werteinheit eingeführt haben und nach ihr
rechnen, ohne doch die chinesischen Münzen zu benutzen,
auf denen sie beruht[4]). Die zahlreichen imaginären Wertmesser der Kulturvölker sind zum Teil Fortbildungen dieser
einfachen Anfänge.

[1]) Köler, Notizen über Bonny, S. 148.
[2]) Monteiro, Angola, I, S. 104; Degrandepré, Reise nach
der westlichen Küste von Afrika, S. 88, 96.
[3]) Ch. de Rouvre in Bull. de la Société de Géographie, Paris
1880, II, p. 418.
[4]) v. Schrenck, Völker des Amurlandes, Ethnograph. Teil, I,
S. 593.

9

Uebersicht des primitiven Geldes.
Schmuckgeld im allgemeinen. Das Muschelgeld.

Von den Spielarten des primitiven Geldes ist bereits eine grössere Anzahl genannt worden. Indessen ist für das wirkliche Verständnis der Entwickelung unerlässlich, eine systematische Uebersicht zu geben, die freilich ihre eigenen Schwierigkeiten hat, wenn ein klares Bild der Verhältnisse gewonnen werden soll. Die entwickelungsgeschichtliche Einteilung in Binnengeld, Aussengeld, Zeichengeld u. s. w. ist für einen Ueberblick des gesamten Stoffes nicht ohne weiteres verwendbar, da es in vielen Fällen noch ganz unmöglich ist, die Entwickelung der einzelnen Geldmittel zu verfolgen und ihnen in diesem Sinne eine bestimmte Stellung anzuweisen; andererseits ist eine Anordnung einfach nach der äusseren Beschaffenheit der Zahlungsmittel zu oberflächlich, als dass sie nicht über die inneren Bezüge hinwegtäuschen und zu falschen Gesichtspunkten verleiten müsste. So müssen z. B. unter dem Begriffe „Eisengeld" nicht nur Barren rohen Metalls, sondern auch Hacken, Schaufeln, Speerspitzen und selbst eiserne Schmuckperlen zusammengefasst werden, also Dinge, die doch nur den Grundstoff gemein haben. Bei vielen Geldsorten dagegen, die aus dem Tauschhandel hervorgehen, ist die stoffliche Einteilung durchaus angemessen, bei anderen wenigstens vorläufig noch vorzuziehen.

Es ist also wohl das beste, einen Mittelweg einzuschlagen[1]). Wir können als eine gut abgegrenzte, auch in ihrer Entwickelung sehr übersichtliche Gruppe zunächst das Schmuckgeld aussondern, das mit äusserst wenigen Ausnahmen ein Binnengeld oder doch aus solchem hervorgegangen ist. Soll diese umfangreiche Gruppe weiter geteilt werden, so treten die stofflichen Unterschiede in ihre Rechte und die Unterabteilungen Muschelgeld, Perlengeld, Metallgeld u. s. w. ergeben sich dann von selbst. Dem Schmuckgelde gegenüber steht die zweite grosse Gruppe, die alle nützlichen Gegenstände umfasst (deshalb mag der Name Nutzgeld vorgeschlagen sein), und die dann wieder in Nahrungsmittel, Genussmittel und Gebrauchsgegenstände verschiedener Art zerfallen würde und auch das Vieh- und Sklavengeld mit umfasst; ihr innerer Gegensatz gegen die erste Gruppe beruht darauf, dass sie sich hauptsächlich aus dem Aussengeld entwickelt hat. Zwischen diesen beiden Hauptabteilungen steht das Kleidergeld, das bald vorwiegend als Schmuck, bald mehr als nützliche Ware betrachtet wird und demgemäss mehr oder weniger den Einwirkungen der Mode und Laune unterliegt, die beim eigentlichen Schmuck und teilweise auch bei dem aus ihm hervorgehenden Gelde so auffallend hervortreten. In diesem Sinne mag denn eine ganz kurze Uebersicht der primitiven Geldmittel versucht sein.

Wenden wir uns dem Schmuckgelde und zunächst der bedeutsamsten seiner Abarten, dem Muschelgelde zu.

— —

[1]) Die von Terrien de Lacouperie vorgeschlagene Einteilung in Natur-, Handels- und Industriegeld (vgl. Intern. Archiv für Ethnographie, VI, S. 57) mit ihren verwickelten Unterabteilungen scheint mir schon deshalb unbrauchbar, weil der erste Grundsatz jeder Sonderung in Gruppen, der einheitliche Gesichtspunkt, vernachlässigt ist. Dagegen ist die durch Dr. Schmeltz noch vermehrte Uebersicht der Geldarten sehr nützlich und dankenswert.

so ist auch hier wieder eine Unterscheidung unerlässlich:
Die als Schmuck und Geld verwendeten Muscheln bleiben
entweder unbearbeitet (vielleicht abgesehen von einer einfachen Durchbohrung zum Zwecke des Aufreihens), oder
es werden aus ihnen erst durch mehr oder weniger mühsame Bearbeitung Scheibchen oder andere willkürlich geformte Stücke hergestellt. Der Unterschied zwischen
beiden Unterabteilungen ist nicht sehr scharf, aber doch
bedeutsam.

Die berühmteste und am weitesten unter allen wenig
oder gar nicht bearbeiteten Conchylien verbreitete ist die
Kaurimuschel, eigentlich eine Porzellanschnecke, Cypraea
moneta. Dass sie sich ein so grosses Gebiet zu erobern
vermochte, ist um so merkwürdiger, als sie ursprünglich
nur an einer Stelle des Indischen Ozeans, nämlich in der
Nähe der Malediven, gefischt und von diesem allerdings
einem alten Seehandelswege benachbarten Punkte in die
entferntesten Gegenden ausgeführt wurde. In neuerer
Zeit (nach Masudi spätestens seit dem 10. Jahrhundert)
ist eine der Kauri verwandte Muschel, Cypraea annulus,
in grossen Mengen von der ostafrikanischen Küste aus in
Verkehr gekommen und kursiert namentlich in Westafrika
als gleichwertig mit Cypraea moneta; auch von der
Insel Bima bei Makassar im Ostindischen Archipel sollen
Kauris ausgeführt worden sein [1]), ebenso nach der Angabe
Antonio de Morga's von den Philippinen, von wo man
sie hauptsächlich nach Hinterindien gebracht zu haben
scheint [2]). Ueber die Kaurigewinnung auf den Malediven
finden sich bei älteren arabischen Schriftstellern zahlreiche
Angaben, die später durch François Pyrard in erwünsch-
ter Weise ergänzt worden sind. Man warf Zweige oder

---

[1]) d'Argensola, Beschreibung der molukkischen Inseln, S. 1515.
[2]) A. de Morga, The Philippine Islands (Ausg. d. Hawkluyt-
Soc.), p. 285.

Kokosblätter ins Wasser, an die sich die Schnecken an-
setzten, und fischte zweimal im Monat: die Kauris wurden
in Körben zu 12 000 Stück verpackt und vorzüglich nach
Bengalen ausgeführt, wo man sie gegen Reis umtauschte,
zur Zeit Ibn Batutas gingen sie auch in Menge nach Yemen
und von dort wahrscheinlich nach dem Sudan. Auf den
Malediven selbst kursierten die Muscheln als Kleingeld,
grössere Zahlungen wurden mit Silber geleistet. Sehr bemerkenswert ist es, dass an der benachbarten Malabarküste
und auf Ceylon die Kauris niemals als Geld gedient haben [1]).
Es unterliegt keinem Zweifel, dass die Ausfuhr der Kauri
von den Malediven seit sehr alter Zeit im Schwunge ist,
und dass sich ausser den Einwohnern der Inseln selbst
schon früh die Araber, wahrscheinlich auch die Chinesen
daran beteiligt haben. Später bemächtigten sich die Portugiesen des einträglichen Handels und brachten die Muscheln
nicht nur nach Siam und Bengalen, sondern auch nach
der afrikanischen Westküste, und bald ahmten ihnen mit
Erfolg die Holländer nach. Zuletzt zogen auch deutsche
Kaufleute aus diesem Handel grosse Gewinne, namentlich
als sie die billigere ostafrikanische Muschel massenhaft
nach der westafrikanischen Küste einführten, bis denn
endlich die naturgemäss eintretende Entwertung dem Ge-
schäft ein Ende machte.

Ueber die Kauri giebt es schon eine kleine Litteratur.
Volz' „Geschichte des Muschelgeldes" [2]) beschäftigt sich
fast ausschliesslich mit ihr, Andree und Ilwof widmen ihr
einen Teil ihrer Abhandlungen, und neuerdings hat J. Hertz
das Thema ziemlich eingehend behandelt [3]). An dieser Stelle

[1]) Voyage of François Pyrard to the East Indies, I, p. 236
240, II, p. 429—485.

[2]) In der Zeitschrift für Staatswissenschaften, 1854.

[3]) Die Verwendung und Verbreitung der Kaurimuschel in Mitt.
der Geogr. Gesellsch. in Hamburg 1880 81.

mag es genügen, einen kurzen Ueberblick ihrer ehemaligen
und ihrer gegenwärtigen Verbreitung zu geben, die durchaus
nicht miteinander zusammenfallen; die Kauri hat im
Laufe der Zeit grosse Provinzen ihres Gebietes verloren
und dafür neue erobert. Sehr merkwürdig ist hierbei, wie
wechselnd sich die Wertschätzungen der Muschel als Geld
einerseits, als Schmuck andererseits zueinander verhalten.
Während in manchen Gebieten die Kauri als Zahlmittel
nicht mehr gebraucht wird, hält sie sich noch immer als
Schmuck, anderwärts ist sie als beliebter Schmuck eingeführt
worden, ehe man daran dachte, sie als Geld zu
benutzen, und wieder in anderen Gegenden dient sie fast
nur als Geld und ist als Schmuck wenig beliebt.

Beiläufig mag noch erwähnt sein, dass die Kauri in
zwei Formen als Geld zirkuliert, nämlich in einzelnen
Stücken, die gezählt oder in Hohlmassen abgemessen
werden, und an Schnüren aufgereiht. Die erstere Form
scheint häufiger zu sein und findet sich gegenwärtig z. B.
in Bengalen, Siam, den Haussastaaten und mehrfach an
der Westküste Afrikas, wo (z. B. in Porto Novo) von den
Faktoreien eingeborene Frauen als Muschelzählerinnen
verwendet werden; die andere ist früher in China üblich
gewesen, kommt aber auch in Afrika ziemlich häufig vor.
Es entspricht die Aufreihung einer bestimmten Anzahl
auf eine Schnur einigermassen der Prägung unseres Metallgeldes, auch in dem Sinne, dass vielfach für dieses Aufreihen eine dem „Schlägegeld" entsprechende Summe ab-
gezogen wird. In Dahomeh z. B. sind die Kauris im
allgemeinen unaufgereiht im Umlauf, nur der König zahlt
mit Kaurischnüren, die von seinen Weibern hergerichtet
werden; eine solche Schnur enthält angeblich 2000 Kauris,
in Wahrheit aber nur 1500, der Rest ist der Arbeitslohn
für das Aufreihen. Nach neueren Angaben werden je
30 – 35 Stück in Palmblätter eingenäht, gelten aber

für 40[1]). Ebenso drückt sich, wenn man nach dem Innern
geht, das Teurerwerden der Muscheln durch eine Ver-
ringerung der an den Strängen aufgereihten Zahl aus:
Im Innern Dahomehs hat die Schnur nach Duncan nur
33 Kauris statt 40, der „Kopf" nur 47 Schnüre statt 50[2]).
Diese einzelnen Angaben stimmen nicht recht zusammen,
indes stammen sie auch aus sehr verschiedener Zeit, und
sie können immerhin ähnliche Vorkommnisse an anderen
Punkten erläutern helfen, so, wenn nach Lenz die Kauri
in Timbuktu in der Weise abgezählt werden, dass 5×16
für 100 gelten[3]).

Was nun die Verbreitung der Kauri anbelangt, so
kursieren sie zunächst in Bengalen mindestens seit den
ersten Jahrhunderten unserer Zeitrechnung als Geld und
werden selbst gegenwärtig noch hier und da zu diesem
Zwecke verwendet[4]); die Angabe, dass die Ausfuhr von
den Malediven nach Vorderindien erst im 17. Jahrhundert
begonnen habe[5]), kann sich nur auf eine Wiederaufnahme
des Verkehrs beziehen. In den binnenländischen Bezirken
Hinterindiens kursieren noch heute grosse Mengen von
Kauris, namentlich in Siam[6]); im indischen Archipele
haben sie sich nur auf den Philippinen gehalten[7]). Ein
ungeheueres Verbreitungsgebiet ist dagegen der Geldmuschel in Asien und Europa nach und nach verloren

[1] Dalzel, Geschichte von Dahomy, S. 35; Die katholischen
Missionen, 1879, Beilage S. 12.

[2] Duncan, Reisen in Westafrika, II, S. 61.

[3] Lenz, Timbuktu, II, S. 159.

[4] Kuntze, Um die Erde, S. 460.

[5] Dr. Müller-Hess im 10. Jahresbericht der Geogr. Gesellschaft in Bern, S. 27.

[6] Bastian, Reisen in Siam, S. 44 u. 213; v. Benko, Schiffsstation in Ostasien, S. 306; Bock, Im Reiche der weissen Elephanten,
S. 117.

[7] v. Scherzer, Ergebnisse einer Reise um die Erde, S. 325.

gegangen. nur ist es schwer, die Grenzen des Gebietes im
engeren Sinne anzugeben, da höchstwahrscheinlich die
Kauri als blosser Schmuckgegenstand und Handelsartikel
sich auch nach Ländern verbreitet hat, in denen sie nie
als Geld verwendet worden ist. Von Arabien ist es allerdings sicher, dass sie dort als Scheidemünze gedient hat,
auch von Persien wird man das annehmen dürfen; dagegen
lassen die Funde im Kaukasus und in Ostturkestan [1]) so
wenig auf die Verwendung der Kauri als Geld schliessen,
wie die noch auffallenderen in prähistorischen Gräbern
Nordeuropas, insbesondere Norddeutschlands, Englands,
Skandinaviens und Livlands [2]). Immerhin kann man er-
messen, welch hoher Wert der Kauri als Schmuck bei-
gelegt wurde, wenn sie vom Indischen Ozean bis zur Ost-
see (wahrscheinlich als Tauschmittel des Bernsteinhandels)
gelangen konnte. Sicher bezeugt ist das Dasein einer
Kauriwährung in China und Japan, wenn es auch mehr
als wahrscheinlich ist, dass die Cypraea moneta sich erst
neben anderen, aus dem Chinesischen Meere stammenden
Conchylien eingebürgert und diese teils verdrängt hat,
teils mit ihnen untermischt im Verkehr war. Allem Anschein nach waren Muschelschnüre, die schon im Schi-king
erwähnt werden, und Schildkrötenschalen das älteste chinesische Geld; der Charakter Pei (Muschel) bildet Zusammen-
setzungen, die Reichtum u. dergl. andeuten [3]). Nirgends
ist soviel wie in China in Geldangelegenheiten experimen-
tiert worden, und bei den häufigen Aenderungen der

---

[1]) Verhandlungen der Berliner Gesellschaft für Anthropologie,
1893, S. 309; 1894, S. 227.

[2]) Vgl. ausser den von Andree citierten Quellen Verhandl. der
Berliner Gesellsch. für Anthropologie, 1870, S. 248, 1872, S. 156,
1877, S. 256 u. 377.

[3]) Klaproth, Notice sur l'usage des cauris en Chine. N. Journal
Asiatique, XII, p. 146 ff.

Währung scheinen auch die Kauri bald ausser Kurs gesetzt, bald wieder eingeführt worden zu sein, während sie
in Wirklichkeit ungestört weiter umliefen, bis sie denn
doch endlich dem Silber und den aufgereihten Kupfer-
münzen, die wahrscheinlich Nachahmungen der Muschelschnüre sind, gänzlich weichen mussten. Im Süden hielt
sich die Kauri am längsten. Marco Polo erwähnt sie
mehrfach bei der Beschreibung seiner Reise, die ihn durch
Assam und das südwestliche China führte, und giebt an,
dass die Muscheln aus Indien stammten (Buch II, Kap. 48).
Noch im Jahre 1578 zahlte die Provinz Yan-uan einen Tribut
von 5769 Muschelschnüren, aber im Laufe desselben Jahrhunderts wurde, nachdem amerikanisches Silber massenhaft ins Land geströmt war, auch hier die Kauriwährung
offiziell beseitigt [1]). In Tibet begann schon seit dem 12.
Jahrhundert das Silber die Kaurimuscheln zu verdrängen [2]).

Die ungeheure Verminderung des Verbreitungsgebietes
der Kauri wurde durch ihr Vordringen in Afrika grossen-
teils wieder ausgeglichen. Da Hertz und Andree die
afrikanischen Verhältnisse ausführlich behandelt haben,
mögen hier einige Hinweise und Nachträge genügen. Es
ist gewiss auffallend, dass, obwohl die Kauri von Osten
herkommt und obwohl in Ostafrika sogar ein Teil der
Geldmuscheln produziert wird, doch die Verbreitung gegenwärtig fast ausschliesslich von der Westküste ausgeht.
Uebrigens ist auch hier zwischen der Verwendung der
Kauri als Schmuck, die fast in allen Gebieten Afrikas zu
beobachten ist, und ihrem Gebrauch als Scheidemünze
scharf zu unterscheiden; was sich von der Ostküste aus
bis ins Innere verbreitet, scheint fast nur als Schmuck zu
dienen, während von der Westküste her die Kauriwährung

---

[1]) Journal of the China Branch Roy. Asiat. Soc. 24, p. 131 f.
[2]) Rockhill, Notes on the Ethnology of Tibet, p. 718.

Fortschritte nach dem Innern macht. In Timbuktu fand
bereits Leo Africanus die Kauri als Münze (im Anfange
des 16. Jahrhunderts [1]), noch früher erwähnen sie arabische
Berichte (vgl. Andree, Parallelen, I, S. 234). Manches
scheint dafür zu sprechen, dass früher eine starke Kauri-
einfuhr von Ost- und vielleicht Nordafrika [2] stattfand, die
nach und nach zurückgegangen und durch die westafrika-
nische ersetzt worden ist; auch die ostafrikanischen Kauris
gehen neuerdings grösstenteils nach der Westküste, obwohl
ein Teil, wenigstens vor einigen Jahrzehnten, noch seinen
Weg nach Unyamwesi und weiter ins Innere fand [3]. Zu
Denham's Zeit war jenseits der Stadt Catagum die Ost-
grenze des Kaurigebietetes; aber die starke Zufuhr über
Westafrika ermöglichte es 1840 dem Fürsten von Bornu
und später auch dem von Baghirmi, die Kauriwährung in
ihren Staaten einzuführen und damit einen festen Wertmesser zu schaffen [4]); der König von Bornu entschloss sich
zu der Massregel erst, nachdem er einen vergeblichen Versuch gemacht hatte, in Europa Münzen auf seine Rechnung
schlagen zu lassen. Weiter im Osten sind die Kauris als
Schmuck sehr geschätzt, werden aber nur ausnahmsweise
als Geld gebraucht [5]). Vielleicht darf man es als einen
Ansatz zur Umbildung in Geld betrachten, dass bei den
Djur im oberen Nilgebiet Perlen und Kaurimuscheln als
unerlässlicher Hauptteil des Brautpreises betrachtet werden [6]).

[1] S. 485 der Lossbach'schen Uebersetzung.
[2] In Marokko finden sich Kauris als Schmuck nach Lenz,
Mitteilung. der Afrikan. Gesellschaft, II, S. 95. Ueber Ausfuhr von
Kauris aus Marokko nach dem Sudan vgl. Winterbottom, Nachrichten von der Sierra Leone-Küste, S. 231.
[3] Burton im Journal Roy. Geogr. Soc., London 1859, p. 448.
[4] Barth, Reisen in Afrika, II, S. 395; Nachtigal, Sahara
und Sudan, I, S. 690.
[5] de Lauture, Die afrikanische Wüste, S. 200.
[6] Petherick, Egypt, the Soudan and Equat. Africa, p. 397.

Welche Wohlthat die Einführung der Thaler- und Kauriwährung für den verworrenen sudanesischen Geldmarkt mit
seinen zahlreichen und ungeeigneten Arten des Nutzgeldes
war, zeigt folgende Bemerkung Nachtigal's: „Es ist zwar
mühsam und zeitraubend genug, einen Thaler in etwa
5000 Muscheln umzusetzen und diese abzuzählen, doch
hat man dafür den Vorteil, während man die Märkte der
Nachbarländer mit Baumwollenstreifen, Glasperlen, Papier
oder Riechhölzern beziehen muss, ohne sicher zu sein, ob
und durch welche Uebergangsstufen man die angestrebten
Waren erzielen kann, dort alles für den Thaler und seine
Fraktionen einkaufen zu können und eine ausserordentlich
kleine Scheidemünze zu haben. Die Baumwollenstreifen
der verschiedenen Länder behalten immer noch einen Wert
von etwa 20 Pfennigen und müssen, da sie nicht zerkleinert
werden können, im kleinsten Einzelhandel durch einzelne
Bogen Papier, eine bestimmte Anzahl Perlen u. dergl. ersetzt werden. Die Einteilung des Thalers in 4000 bis
5000 Muscheln, deren jede einzelne verwertet werden
kann, umgeht diese Schwierigkeit und macht es dem
Armen möglich, die kleinste Quantität eines zerteilbaren
Gegenstandes zu kaufen."

An der Westküste hat die überaus starke Einfuhr
natürlich den Wert der Kauri sehr herabgedrückt, da die
meisten der eingeführten Muscheln im Küstenlande bleiben;
in den Haussastaaten herrschte dagegen noch in neuerer
Zeit empfindlicher Mangel an dieser Scheidemünze [1]. Etwas
trägt zur Verminderung an der Küste der Umstand bei,
dass oft grosse Mengen von Kauris in Kriegszeiten vergraben und nicht wiedergefunden werden [2]. Fälschungen

---

[1] Hartert in Verhandlungen der Gesellschaft für Erdkunde,
Berlin, XIII, S. 436.

[2] Isert, Neue Reise nach Guinea, S. 64.

mit einer kleinen einheimischen Strandschnecke kommen
vor [1]).

Vom Sudan aus ist die Porzellanschnecke auch in
das Kongobecken vorgedrungen und vom Aequator bis zur
Arnwinimündung am Strome selbst, sowie an seinen Neben-
flüssen ausserordentlich verbreitet [2]); im Osten trennt ein
kauriloser Landstrich das Verbreitungsgebiet des Kongobeckens von dem ostafrikanischen. Bei den Badinga am
Sankurru dient die Muschel als Münze [3]), die Tupende verwenden sie vorwiegend als Schmuck [4]). in der Gegend der
Aequatorstation ist sie ein wirkliches Zahlungsmittel [5]).
ebenso am mittleren Ubangi [6]). Vielfach giebt man den
Toten Kauris massenhaft mit ins Grab [7]).

Ueber ihr Vorkommen im Seengebiet liegen Nachrichten
vor. die sich einigermassen widersprechen. Anscheinend
hat sich die Kauri von Unyamwesi aus nach den Wahumastaaten verbreitet und ist hier und da schon als Geld in
Gebrauch gewesen, vorwiegend aber als Schmuck verwendet
worden. Nach Grant kursierte sie als Geld in Unyoro und
wurde von den Besitzern häufig vergraben. wie anderwärts
das Metallgeld; zu Emin Pascha's Zeit aber war Uganda
das eigentliche Land der Kauriwährung. die hier unter
dem Einflusse der Araber eingeführt und ganz systematisch
ausgebildet worden war. Die Kauri wurden hier zu 100
auf Schnüre gereiht. 10 Schnüre bildeten ein Bündel. Auch
an der deutschen Küste des Viktoria-Sees kursiert die
Muschel. Kauri als Tribut werden von den Häuptlingen

---

[1]) Monrad, Gemälde der Küste von Guinea, S. 262.

[2]) Baumann, Handel und Verkehr am Kongo, S. 9; Lenz,
Ueber Geld bei Naturvölkern, S. 18.

[3]) Wissmann, Im Innern Afrikas, S. 353.

[4]) Müller, Im Innern Afrikas, S. 110.

[5]) v. François, Tschuapa und Lulongo, S. 49.

[6]) Nebout in Tour du Monde, 1892, II, p. 14.

[7]) Johnston, Der Kongo, S. 396.

an die deutschen Stationen gezahlt[1]). In Ostafrika wurden die Kauri gelegentlich auch einmal zu einem praktischen Zwecke gebraucht, man brannte nämlich den Kalk aus ihnen, den man beim Tabakkauen mit verwendete; im westlichen Sudan wurden sie ebenfalls hier und da zu Kalk gebrannt[2]).

Im allgemeinen stellt die einzelne Kaurischnecke einen äusserst geringen Wert dar, der aber, wenigstens in Afrika, je nach der Entfernung von der Küste und der Menge der Einfuhr beträchtlich schwankt. Im Togogebiet gingen im Jahre 1894 an der Küste 40, in Keta dagegen nur 10 Kauri auf einen Pfennig. In Porto Novo sind 20000 Kauri gleich 5 Frcs., ein Pfennig also gleich 50 Kauri[3]); in Kano aber galt zu Barth's Zeit der Maria-Theresiathaler 2500 bis 3000 Kauri, in den achtziger Jahren schon 5000, und in Bornu schwankte sein Wert zwischen 4000 und 6000. Auf dem Markte zu Kuka wurde ein Ei mit 8, ein Huhn mit 32—160 Kauri bezahlt[4]). Zu Bosman's Zeit (1700) betrug dagegen der Lohn einer Prostituierten an der Gold-küste nur 3 Kauri, was allerdings schon damals als äusserst geringfügig und nur durch altes Herkommen erklärlich galt, aber immerhin beweist, dass die Menge des um-laufenden Muschelgeldes noch ziemlich unbedeutend ge-wesen sein muss[5]). Vergleichsweise mag angeführt sein, dass nach v. Scherzer in Kalkutta 1000 Kauri etwa dem Werte von 35 Pfennigen entsprechen, in Siam dem von

---

[1]) Emin Pascha, Reisebriefe und Berichte, S. 112; Stuhl-mann, Mit Emin Pascha ins Herz von Afrika, S. 182, 194; Deutsches Kolonialblatt, 1893, S. 112.

[2]) Burton, The Lake Regions, II, p. 419; Lenz, Timbuktu, II, S. 157.

[3]) d'Albéca in Tour du Monde, 1895, p. 113.

[4]) Staudinger, Im Herzen der Haussaländer, S. 618; Nachti-gal, Sahara und Sudan, I, S. 690.

[5]) Bosmann, a. a. O., II, S. 206.

30 35 Pfennigen; auf den Pfennig kommen also rund
30 Kauri, woraus sich denn ergiebt, dass dank der ungeheueren Einfuhr maledivischer und besonders ostafrikani-
scher Muscheln der Kauripreis an der afrikanischen Westküste tiefer herabgedrückt ist als in Indien. Man sollte
meinen, dass die einzelne Kaurischnecke einen zu unbe-
deutenden Wert verkörpert, als dass eine Teilung in noch
kleinere Scheidemünze nötig wäre, und doch ist wenigstens
ein Fall dieser Art zu nennen: In der Stadt Iddah am
Niger wurden als kleinste Münze Erdnüsse verwendet,
deren 4—5 auf eine Muschel gingen [1]).

Die Porzellanschnecke beherrscht noch heute, wie der
kurze Ueberblick gezeigt hat, ein ausgedehntes Gebiet.
Aber auch dort, wo sie zurückweichen musste, hat sie
immerhin noch einen gewissen Einfluss geübt, so besonders in China, dessen auf Schnüre gereihte „Cash" eine
Nachahmung der Muschelschnüre zu sein scheinen [2]); in
Birma sind bei den Shan muschelförmige Silberstücke im
Umlauf [3]), wie früher anscheinend auch in China. In Gold
nachgebildete Kauris hat Volz auf einem äthiopischen
Halsband nachgewiesen [4]), und Klemm ist der Ansicht,
dass die ältesten etruskischen Metallmünzen ihre eigen-
tümliche Form dem Vorbilde der Kauri verdanken. Manchmal deutet der Name der Muschel noch auf eine Erinne-
rung an ihren alten Wert, wie bei den Buschnegern Suri-
nams, wo sie Papa moni (Geldvater) heisst [5]).

---

[1]) Allen and Thomson, Expedition to the River Niger, I, p. 321.
[2]) Journal of the China Branch Roy. Asiatic Soc., 24, p. 134.
Das Zeichen für Geld bedeutet „veränderte Muschel" (Scriba in
Mitteilungen der deutschen Gesellsch. für Natur- und Völkerkunde
Ostasiens, III, S. 393).
[3]) Internat. Archiv für Ethnographie, VI, S. 58.
[4]) Geschichte des Muschelgeldes, S. 105.
[5]) Klemm, Kulturgeschichte, III, S. 321; Joest im Internat.
Archiv für Ethnographie, V, Suppl., S. 61.

Als wenig oder gar nicht bearbeitetes Muschelgeld
sind weiterhin die Perlmutterschalen zu nennen, die
auf der Carolineninsel Yap noch heute umlaufen: man
schleift die Schalen auf der äusseren Seite ab und durchbohrt sie am Rande, um sie auf Schnüre reihen zu können[1]).
Im alten China dienten die Perlmutterschalen ebenfalls
vorübergehend als Geld.

Keine weitere Bearbeitung als zum Aufziehen auf
Schnüre erforderlich ist, erleiden endlich die Dentaliumschnecken, die den Nordwestamerikanern lange Zeit als
Zahlmittel dienten, bis die europäische Masseneinfuhr
ihren Wert auf Null herabdrückte. Sie waren gleichzeitig
Schmuck[2]) und sind es jetzt nach ihrer Entwertung ausschliesslich.

Obgleich die Eigenschaft als Schmuck den Conchylien
die Grundlage ihres Geldwertes verleiht, so ist es doch
bemerkenswert, dass sich nicht im entferntesten alle
schönen Muscheln, die sich zum Schmuck vorzüglich
eignen und auch dazu verwendet werden, zum Gelde umbilden. Das gilt nicht nur von den unbearbeiteten
Muscheln und Schnecken; bei den Geldsorten, die erst
durch mühsame Arbeit hergestellt werden müssen, scheint
oft die Mühe des Anfertigens einen wichtigeren Grund der
Wertschätzung zu bilden, als das schliessliche Resultat,
denn z. B. die einfachen grauen oder weissen Diwarra-
stränge der Neubritannier haben wenigstens für das Auge
eines Europäers nicht viel Anziehendes.

---

[1]) Kubary, Beiträge, S. 6; Hernsheim, Südsee-Erinnerungen
S. 25. Im südöstlichen Neuguinea galten halbmondförmig geschliffene
Perlmutterschalen als Tauschmittel (Finsch, Ethnolog. Erfahrungen,
II, S. 302).

[2]) Vgl. Abbildungen in E. v. Langsdorff's Reise um die Welt
II, Taf. 11, Fig. 4 u. 5; ferner Whymper, Alaska, S. 245.

Die berühmteste Art des bearbeiteten Muschelgeldes ist das Wampun der nordamerikanischen Indianer, das aus Venus mercenaria und gelegentlich auch aus anderen Muscheln hergestellt wurde. Man unterschied je nach dem Teil der Muschel, aus dem es gefertigt war, eine wertvollere rote (schwarze) und eine billigere weisse Art: die kleinen geschliffenen Perlen wurden auf Schnüre gereiht. Das Wampun ist besonders merkwürdig, weil es nicht nur als Schmuck und Geld diente, sondern auch, in besonderer Art auf Gürtel gestickt, als Hilfsmittel des Gedächtnisses für Boten und Redner, ja als Chronik der einzelnen Stämme; auch als Talisman wurde es gebraucht (vgl. Longfellow's Hiawatha, 9. Gesang) und als Symbol von Krieg oder Frieden [1]).

Ausser dem Wampun werden noch andere Arten amerikanischen Muschelgeldes erwähnt, so das gewisser kalifornischer Stämme (vgl. Holmes a. a. O.); in Venezuela [2]) und im alten Yucatan [3]) waren Muschelschnüre als Geld gebräuchlich.

Eine Gruppe für sich bilden die zahlreichen Muschelgeldsorten Melanesiens und Mikronesiens, über die bisher Finsch [4]) die besten Berichte geliefert hat, ohne doch, wie viele neue Angaben beweisen, den Gegenstand zu erschöpfen. Das Diwarra, das in Blanche Bay auf Neupommern das Zentrum seiner Verbreitung besitzt, wird aus Nassa callosa hergestellt und besteht aus kleinen auf

---

[1]) Genaueres darüber bei Holmes in Report of the Bureau of Ethnology, 1880—81; Hale in Report British Association for the Advancement of Science, 1884, p. 910 ff.; Rau in Smithson. Report, 1872; Waitz, Anthropologie, III; Stearns in American Naturalist, III, u. a.

[2]) Verhandlungen der Berliner Gesellsch. für Anthropologie, IV, S. 306.

[3]) Waitz, Anthropologie, IV, S. 306.

[4]) Ethnolog. Erfahrungen und Belegstücke aus der Südsee.

Schnüre gereihten Scheibchen; daneben kursiert ein weniger beliebtes Muschelgeld Apellä, auch giebt es „falsches Diwarra", das nur als Spielzeug der Kinder dient. Auf Neumecklenburg ist ein dem Diwarra ähnliches Muschelgeld „Kokonon" in drei Spielarten verbreitet (vgl. S. 82), andere Arten finden sich an der Südwestküste der Insel. Im südwestlichen Neuguinea ist das „Tautau" im Umlauf, das wahrscheinlich aus einer Cassidula oder Cypraea angefertigt, zweimal durchbohrt und auf Schnüre gezogen wird; an der Ostspitze fehlt es, dafür treten Schnüre von roten und weissen Muschelscheibchen und aus Conus hergestellte Armringe ein. Armringe von Tridacna kursieren übrigens auch auf den Salomonen. Das in Finschhafen gebräuchliche „Ssanem" ist dem Tautau sehr ähnlich, aber anscheinend aus einer anderen Muschelart gefertigt: am Hüongolf waren aufgereihte Muschelscheibchen als wertvolles Geld im Umlauf. Diesen Angaben Finsch's ist hinzuzufügen, dass neuerdings von den Salomonen ebenfalls Muschelgeld verschiedener Art in die ethnographischen Sammlungen gelangt ist. Auch hier handelt es sich um aufgereihte Muschelscheiben, von denen man eine rote und eine weisse Sorte unterscheidet; die erstere hat auf Ysabel den zehnfachen Wert der letzteren. Obwohl die Schnüre als echtes Geld kursieren, dienen sie doch gleichzeitig als Zierde, und es kommt vor, dass die Häuptlingsfrauen mit allem Muschelgeld ihrer Männer beladen, sich dem staunenden Volke zeigen [1]. Als kostbare Wert- und Erbstücke, wenn auch nicht als eigentliches Geld, schätzt man gewisse Muschelschnüre auf den Fidschi-Inseln. — In Mikronesien findet sich altes Muschelgeld auf Yap [2], ganz ähnlich dem, das ehemals auf den Ladronen zirkulierte. Schnüre von

---

[1] Vgl. Codrington, The Melanesians, p. 323; Guppy, The Salomon Islands, p. 134; Coote, The Western Pacific, p. 146.

[2] Kubary, Ethnograph. Beiträge, S. 3.

Muschel- und Kokosscheibchen waren als Schmuck und Geld (Tekaroro) auf den Gilbert-Inseln gebräuchlich, vereinzelt auch auf den Neuen Hebriden[1]). Auch im Ostindischen Archipel bis Borneo hin kommen Schnüre von Nassascheiben als Schmuck vor und haben hier ursprünglich wohl gleichfalls als Geld kursiert[2]).

Afrika besitzt ausser der Kauri noch ein paar Arten von Muschelgeld, nämlich auf Fernando Poo[3]) ein aus Conus papilionaceus hergestelltes, dessen einzelne Stücke nahezu die Form und den Umfang grösserer Silbermünzen haben, und in Angola (südlich von Kuanza) und Benguela ein an Schnüren aufgereihtes, aus den Schalen von Landschnecken (Achatina monetaria und balteata) gefertigtes Geld, das aus dem Hinterlande von Benguela kommt und dessen Stränge als „quirandas de Dongo" bekannt sind[4]).

---

[1]) Finsch, a. a. O., III, S. 12 u. 75.

[2]) de Clerq und Schmeltz, Nederlandsch Nieuw Guinea, p. 223.

[3]) Mitteilungen der Geograph. Gesellsch. Wien, 1893, S. 27.

[4]) E. v. Martens in Zeitschr. für Ethnologie, 1872, S. 67.

10

Andere Arten des Schmuckgeldes.

Dem Muschelgelde gegenüber treten die anderen Arten des Schmuckgeldes sehr zurück, abgesehen etwa von den Glasperlen, die trotz ihrer Herkunft aus Europa von vielen primitiven Völkern aufgenommen und zum echten Binnengeld umgebildet worden sind. Aelter und noch unaufgeklärten Ursprungs ist das Perlengeld der Palau-Inseln; es war früher anscheinend auch auf Yap verbreitet und ist erst von dort nach den Palaus gelangt, stammt aber ursprünglich, nach Kubary's Ansicht, aus einem der ostasiatischen Kulturländer [1]). Die Vorkommnisse alten Perlengeldes in Afrika sind ebenfalls noch immer rätselhaft und deuten unbedingt auf alten Handelsverkehr. Besonders zahlreich finden sich die sog. „Aggriperlen" an der Küste von Guinea. Duncan erwähnt alte Perlen, die mit Gold aufgewogen wurden, aus dem Togogebiet, Isert von der Goldküste: in Katunga, nördlich von Yoruba, waren sie nach Lander's Angabe auf dem Markte zum Verkauf ausgestellt und sehr hoch im Preise [2]). Während in diesen Fällen die alten Perlen mehr als Wertbesitz zu betrachten sind, liefen sie früher an der Kruküste thatsächlich als

---

[1]) Kubary, Ethnograph. Beiträge, S. 27.
[2]) Duncan, Reisen in Westafrika, I, S. 105; Isert, Neue Reise nach Guinea, S. 147, 155; R. u. J. Lander, Reise zur Erforschung des Nigers, I, S. 161.

Geld um, und zwar hatte das Stück den Wert eines
spanischen Thalers; die Kru behaupteten, dass die Perlen
von ihren Vorfahren im Busch ausgegraben worden wären,
auch wussten sie europäische Nachbildungen, an denen es
natürlich nicht gefehlt hatte, sehr gut von den echten
Perlen zu unterscheiden [1]). Die Vorstellung, dass diese
Perlen in der Erde wüchsen, ist an der afrikanischen Westküste allgemein verbreitet, offenbar deshalb, weil man
thatsächlich oft beim Umgraben des Landes Perlen findet,
die in alter Zeit bei Begräbnissen u. dergl. verscharrt
worden sein mögen. Eine Menge abergläubischer Vorstellungen knüpft sich an diese alten Schmucksachen und
erhöht ihren Wert, man trägt sie als Amulette, giebt
Kindern das Pulver der zerriebenen Perlen ein, damit sie
rascher wachsen u. s. w.

Ein zweites Gebiet alten Perlenschmuckes in Afrika
ist der Südosten, also ebenso ein Goldland wie die Westküste, wo sich in den goldreichsten Distrikten auch die
zahlreichsten Aggriperlen finden. Dass der Goldhandel
die Perlen hauptsächlich nach Afrika gebracht hat, wird
dadurch äusserst wahrscheinlich. „Als wir“, erzählt
Merensky [2]), „im Jahre 1860 zuerst die Basuto Nord-
Transvaals besuchten, lenkten die Eingeborenen gar bald
unsere Aufmerksamkeit auf eine besondere Sorte Perlen
oder Korallen, welche in hohem Werte standen und fast
nur von regierenden Häuptlingen und ihren Frauen getragen wurden, besonders eine gelbe und eine schwarze
Sorte standen in hohem Ansehen und dienten oft als
Sühngeld oder als Tribut, durch den die Unterhäuptlinge
die Gunst oder den Schutz des Oberhauptes gewannen.

---

[1]) Allen and Thomson, Expedition to the River Niger, I,
p. 121—122.

[2]) Verhandl. der Berliner Gesellsch. für Anthropologie, 1882,
S. 543.

Kaufen konnte man diese nie und nirgends, ja es wurde
uns mitgeteilt, dass ein Mann niederen Ranges, wenn er
im Besitz solcher Perlen sei, seinen Schatz sorgfältig vor
den Augen Unberufener hüte, weil er sonst fürchten musste,
dass er die Habsucht der Häuptlinge reizen würde und so
seines Lebens nicht mehr sicher wäre. Man fragte uns
gar bald, ob wir vielleicht einen Ort in der Welt wüssten,
wo man diese Kleinodien kaufen könne, denn in Südafrika
habe man bisher vergeblich bei allen Händlern danach
gesucht. Die Sage erzählte, dass diese Perlen aus dem
Lande Bonyae (östlich von Sofala gelegen, dem alten
sagenreichen Monomotapa) stammten. Dort seien sie vor
Zeiten aus der Erde gegraben worden, allein das Loch,
welches durch die Ausgrabungen entstanden wäre, sei
später zusammengefallen, deshalb seien sie nun so selten."
Auch Endemann erwähnt eine Perlensorte von unbekannter
Herkunft, die von den Sotho in Transvaal am höchsten geschätzt wird [1]).

Das Vorkommen alter eigenartiger Perlen, das sich
nicht auf Afrika beschränkt, sondern in fast allen Teilen
der Erde festgestellt worden ist, beweist, welche Bedeutung
früher gewisse Perlensorten für den Welthandel gehabt
haben müssen. Ob alle diese Perlen aus einer Quelle
stammen, etwa aus Aegypten, wie Andree annimmt [2]),
oder ob die meisten von ihnen, wie Tischler nachzuweisen
sucht, venetianischen Ursprungs sind, mag hier dahingestellt
bleiben; jedenfalls haben wir in ihnen eine der wichtigsten
und merkwürdigsten Spuren alten Völkerverkehrs, eine Art
„Leitfossil" der Wirtschaftsgeschichte des Erdballs.

Neuerdings haben die Perlen, die ja ganz in der Weise
aufgereiht und getragen werden können, wie viele Arten
des Muschelgeldes, das letztere hier und da zu verdrängen

---

[1]) Zeitschr. für Ethnologie, 1874, S. 19.
[2]) Zeitschr. für Ethnologie, 1885, S. 115.

und zu ersetzen begonnen, so nach Finsch auf den Gilbert-Inseln, während auf Santa Cruz blaue Perlen an die Stelle des alten Federgeldes treten [1]). In Afrika verbreitet sich das Perlengeld mehr und mehr, und überall zeigt sich das Bestreben der Eingeborenen, durch Begünstigung gewisser Sorten eine feste Währung herzustellen, was freilich durch das massenhafte Angebot immer neuer verlockender Muster erschwert wird. Als bevorzugtes Geld der Weiber, in deren Händen der Kleinhandel mit den Karawanen liegt, fand Morgen[2]) die Glasperlen im Hinterlande von Kamerun. Ein Versuch König Suunas von Uganda, Glasperlen auszusäen, blieb leider ohne das erwartete Resultat[3]), indes darf man dem König diesen kleinen Irrtum nicht zu hoch anrechnen, denn die Vorstellung, dass die Perlen ein pflanzliches Produkt sind und entweder, wie die oben erwähnten Aggriperlen, in der Erde wachsen, oder wie Früchte geerntet werden, ist in Afrika sehr verbreitet. Lichtenstein konnte z. B. den Kaffern die Ansicht nicht ausreden, dass bei entfernteren Stämmen die Perlenpflanzen wie Getreide gemäht und eingebracht würden, und Petherick musste öfter den Vorwurf hören, seine Perlen wären „unreif" und hätten noch nicht die richtige Farbe[4]).

Perlen aus Thon und Stein werden auch von Naturvölkern verfertigt und als Schmuck vielfach verwendet, als Geld dagegen nur ausnahmsweise. Die Magatamas („gekrümmten Edelsteine") der prähistorischen Japaner, denen ähnliche Schmuckstücke der Aino entsprechen, sind viel-

---

[1]) Ethnolog. Erfahrungen, III, S. 75; Coote, The Western Pacific, p. 99.

[2]) Durch Kamerun, S. 43.

[3]) Casati, Zehn Jahre in Aequatoria, II, S. 46.

[4]) Lichtenstein, Reisen im südlichen Afrika, I, S. 454; Petherick, Egypt, S. 368.

leicht eine Art Geld gewesen: aus der heutigen Bezeichnung
für Geld bei den Seminolen schliesst Clay Maccaulay[1]),
dass sie früher Steinperlen als Zahlmittel gebrauchten.
Steinerne Perlen im grössten Formate sind auch jene
mühlsteinartigen durchbohrten Arragonitstücke der Bewohner von Yap, die trotz ihrer Unförmlichkeit doch
nichts sind als ausgeartete Schmucksachen: ihnen entspricht das Steingeld der Neuen Hebriden, das aus Ringen
von Kalk- oder Feldspath besteht. Auch von den Salomonen erwähnt Coote ein Steingeld, eine Art Ring aus
Marmor (?), der als Münze im Umlauf ist, aber auch als
Zaubermittel auf der Brust getragen wird[2]).

Edelsteine und Halbedelsteine dürfen natürlich
unter den Geldsorten nicht fehlen, obwohl sie im ganzen
wegen ihrer allzugrossen Seltenheit mehr zu Wertstücken
als zu eigentlichen Umlaufsmitteln geeignet sind. Der
Jadeit diente im alten China als wertvolles Geld. Achat
wird in Borneo noch jetzt zu diesem Zwecke gebraucht;
auch in Kordofan und Dar-For kursierten Achatperlen, die
aus Indien eingeführt wurden. Lenz fand in Udschidschi
Perlen, die aus edlen Quarzvarietäten (Achat, Jaspis u. s. w.)
hergestellt waren, als eine Art Geld. Endlich ist noch der
Amazonenstein (Nephrit) zu nennen, der bei den Kariben
die meisten Aufgaben eines Geldes erfüllt zu haben scheint.
z. B. zum Ankauf von Sklaven benutzt wurde, und auch
bearbeitet in Form von Fischen u. dergl. umlief[3]).

Zähne sind ein beliebter Schmuck und folgerichtig
hier und da zu wirklichem Gelde geworden. Hierher gehören die seltenen zirkelförmig gekrümmten Eberhauer,
die an der Küste von Kaiser-Wilhelmsland zugleich mit

---

[1]) Report of the Bureau of Ethnology, 1883 84, p. 529.
[2]) Zeitschr. der Gesellsch. für Erdkunde, Berlin 1874, S. 342;
Finsch, Ethnolog. Erfahrungen, II, S. 85; Coote, a. a. O., S. 146.
[3]) Schomburgk, Reisen in Britisch-Guyana, II, S. 331.

Hundezähnen das Geld vertreten [1]). Hundezähne kursieren
auch auf den Salomo-Inseln Florida und Ysabel, Zähne vom
Delphin auf S. Cristoval und Malanta [2]), Eberhauer auf
den Banks-Inseln. Die Zähne des Pottwals kommen auf
Fidschi und den Gilbert-Inseln als Geld vor [3]). Elkzähne
unter nordamerikanischen Indianern [4]).

Das Schildpatt verdankt seine Wertschätzung sicher
nur der Thatsache, dass es als ausgezeichnetes Material
zur Herstellung von Schmucksachen zu gebrauchen ist,
denn dass man die Schildkrötenschale im alten China auch
zu Wahrsagungen verwendete, hat schwerlich ihre Aufnahme unter die Wertmesser des himmlischen Reiches
veranlasst. Jedenfalls wird sie neben den Muschelschnüren
in China am frühesten als Geld erwähnt. Schildpattgeld,
an Schnüren aufgereiht, war früher auf den Ladronen im
Umlauf; es durfte nur an einem bestimmten Orte gefertigt
werden und diente zugleich als Erinnerungszeichen, was
seinen Wert noch erhöhte [5]).

---

[1]) Finsch, Ethnolog. Erfahrungen, II, S. 85.

[2]) Codrington, The Melanesians, p. 325, 328. Nur wenige
bestimmte Zähne des Hundes sind brauchbar, daher die Kostbarkeit
dieses Geldes. Die allgemeine Bemerkung Guppy's (The Salomon
Islands, p. 134): „the natives of the Salomon-Islands also occasionally
employ as money the teeth of fish, porpoises, fruit-eating bats (Ptero-
pidae), and of other animals" scheint darauf zu deuten, dass noch
andere Arten von Zahngeld in Gebrauch sind; indes sind die Angaben Guppy's über das Geld auffallend kurz und unbestimmt, zuweilen direkt unrichtig.

[3]) Parkinson in Internat. Archiv für Ethnographie, II, S. 97;
Mariner, Tonga-Inseln, S. 274; Cumming, At home in Fiji, I,
p. 290; Seemann, Viti, S. 361.

[4]) „Elkzähne und Dentaliumgehäuse scheinen hier (bei den
Mandans) einen gewissen Geldwert zu besitzen." Prinz v. Wied,
Reise in Nordamerika, II, S. 136.

[5]) Waitz-Gerland, Anthropologie, V, S. 87.

Federn gewisser Vögel mögen in älterer Zeit als
Geld öfter verwendet worden sein, als sich jetzt noch
nachweisen lässt; die ausserordentliche Schätzung mancher
Federn in Polynesien und unter den alten Kulturvölkern
Mittelamerikas scheint darauf hinzudeuten. Ein echtes
Federgeld ist noch auf der melanesischen Insel Santa Cruz
im Umlauf, und zwar besteht es aus den kleinen roten
Federn, die eine Papageienart unter den Flügeln trägt.
Man klebt die kleinen auf grössere Federn auf und bindet
letztere reihenweise so zusammen, dass nur das Rote
sichtbar bleibt und grössere zusammenhängende Stücke
entstehen, deren Länge ihren Wert bestimmt. Bei Fest-
lichkeiten wird das Federgeld entfaltet und der Tanzplatz
damit ausgeschmückt. Es scheint, dass man es jetzt nicht
mehr anfertigt, denn Coote fand nur noch alte Stücke,
deren Scharlachfarbe an der Oberfläche ganz ausgeblichen
war. Auf den Banks-Inseln kursiert ein ähnliches Federgeld, und auf den Loyalty-Inseln wurde früher das Stück
roten Pelzes, das unter den Ohren der fliegenden Hunde
sitzt, in derselben Weise verwendet[1]). Die rote befiederte
Kopfhaut eines Spechtes, die den Kahrocks in Kalifornien
zugleich mit Muschelsträngen als Geld diente, gehört ebenfalls in diese Reihe. Auch die Bari am oberen Nil besitzen nach v. Harnier[2]) ein Federgeld, das einzige Beispiel dieser Art aus Afrika.

Korallen als Geld der Tibetaner erwähnt Marco Polo
(II. S. 37) in Uebereinstimmung mit älteren chinesischen
Quellen. Unter den zahlreichen Geldsurrogaten des westlichen Sudans erscheinen die echten Korallen gleichfalls;
leider wird in den älteren Berichten der Ausdruck Korallen

---

[1]) Codrington, The Melanesians, p. 324; Coote, The Western
Pacific, p. 99.

[2]) Petermann's Mitteilungen, Ergänzungsheft X. S. 132.

unterschiedlos für Glasperlen und eigentliche Korallen gebraucht, sodass die Feststellung der Thatsachen auf grosse Schwierigkeiten stösst.

Der Bernstein ist ebenfalls im Sudan als Geld beliebt, indes entstehen auch in diesem Falle zahlreiche Irrtumsmöglichkeiten durch den unbestimmten Gebrauch des Wortes „ambre" in den französischen Quellen und den aus ihnen schöpfenden Sammelwerken. Auch das echte Ambra erscheint nämlich in demselben Gebiete als geschätztes Geldsurrogat, teils des Wohlgeruchs wegen, teils (wie der Kampher) als beliebtes Heilmittel. Zweifellos als Geld kursiert der Bernstein in Bambuk, wo er gegen das dort produzierte Gold eingetauscht wird, auch in Bornu konnte man früher im Marktverkehr mit ihm einkaufen [1]).

Selbst kosmetische Mittel kursierten als Geld, so das Antimonpulver, das im mittleren Sudan sehr beliebt ist, und früher in Usambara der Röthel [2]).

Wahrscheinlich sind ehemals die Arten des Schmuckgeldes zahlreicher und mannigfacher gewesen als gegenwärtig, wo ein grosser Teil der Menschheit das Geldsystem der europäischen oder asiatischen Kulturvölker angenommen hat. Gerade das Schmuckgeld als echteste Art des Binnengeldes geht leicht zu Grunde, wenn ein lebhafter Aussenhandel entsteht, und so mag das, was wir jetzt noch zu beobachten vermögen, nur ein Rest ehemals häufigerer Vorkommnisse sein. Leider bieten die prähistorischen Funde gerade über das Problem des

---

[1]) Golberry, Reise durch das westliche Afrika, II, S. 322; Denham u. Clapperton, Reisen und Entdeckungen, S. 144.

[2]) Nachtigal, Sahara und Sudan, III, S. 36; Krapf, Reisen in Ostafrika, I, S. 165.

Geldwesens geringe Aufklärung, da selten mehr zu ermitteln ist, ob die verschiedenen alten Schmucksachen gleichzeitig als Geld gedient haben oder nicht. Von den Seemuscheln, die im vorgeschichtlichen Europa bis weit ins Binnenland gelangt sind, ist es immerhin wahrscheinlich genug.

11

Metall als Schmuck und Geld.

Mögen die meisten Abarten des Schmuckgeldes nach und nach ihre Bedeutung verlieren, eine von ihnen, das Metallgeld, behauptet um so fester die Stellung und verdrängt endlich alle Mitbewerber aus dem Felde. Die Entwickelung ist nicht ganz leicht zu verfolgen, da viele Arten des Metallgeldes zur Gruppe des Nutzgeldes zu rechnen sind, andere zwischen Schmuck- und Nutzgeld unentschieden in der Mitte stehen; indessen lassen sich die Hauptzüge doch, wenn man nur die doppelte Quelle des Geldwesens im Auge behält, mit Sicherheit feststellen.

Die englisch-amerikanische Nützlichkeitstheorie, die alle Freude am Besitz auf den praktischen Nutzen des Eigentums zurückführen möchte und die so recht den Kulturstandpunkt der angelsächsischen Rasse verkörpert, vermag in den Metallen nichts anderes zu sehen als ausgezeichnete Hilfsmittel im Kampfe ums Dasein, brauchbare Stoffe, aus denen man Werkzeuge, Waffen und Maschinen formt; dass manche praktisch weniger nützliche Metalle besonders geschätzt werden, scheint nur an ihrer Seltenheit zu liegen. Betrachten wir aber die Ueberreste aus prähistorischer Zeit, oder etwa die Verhältnisse im Innern Afrikas, so stellt sich heraus, dass die primitiven Völker uns die Entscheidung sehr schwer machen, ob sie die

Metalle mehr ihrer Nutzbarkeit wegen schätzen oder deshalb, weil sich aus ihnen die glänzendsten und dauerhaftesten Schmucksachen herstellen lassen. Fast immer überwiegt die Menge des zum Schmuck geformten Metalles bei weitem die Masse des zu praktischen Gerätschaften umgebildeten. Wenden wir uns aber den Kulturvölkern zu, so finden wir, dass hier die Neigung zu metallenem Schmuck und Prunkgerät nicht abgenommen hat, sondern dass sie nur in ihrem Stoffe wählerischer geworden ist, dass man also nicht mehr eiserne oder kupferne Schmucksachen tragen mag, sondern solche aus den schöneren, selteneren, deshalb kostbareren Edelmetallen. Und so ist denn die Vermutung wohl gerechtfertigt, dass auch das Metallgeld zunächst in seiner Eigenschaft als Zierde sich eingebürgert hat und demnach ein echtes und rechtes Binnengeld ist. Es mag daran erinnert sein, wie häufig das Geld aus edlen oder unedlen Metallen in Form von grösseren und kleineren Ringen auftritt, die unmittelbar zum Schmuck der Arme oder Finger dienen können und sich ebenso mit Leichtigkeit aneinanderreihen oder auf Kleidungsstücke aufnähen lassen. Bei den Germanen des Nordens scheinen die edlen Metalle lange Zeit fast ausschliesslich in Ringgestalt kursiert zu haben, und dass man kleinere Beträge durch Zerbrechen von Ringen herzustellen wusste, beweist der Ehrenname „Ringbrecher", der freigebigen Fürsten zu teil wurde. Ringe aus Gold und Silber vertraten auch im alten Aegypten das geprägte Geld. Noch heutzutage werden in den goldreichen Gebieten Westafrikas, z. B. in Bambuk, die gewonnenen Goldmengen von den Schmieden immer gleich zu Ringen und anderem Schmuckwerk geformt und kommen erst in dieser Gestalt in den Verkehr [1]). Auch in Timbuktu zirkulierte das Gold in Form von Ringen und anderem

---

[1]) Golberry, Reise durch das westliche Afrika, I. S. 295.

Schurtz, Entstehungsgeschichte des Geldes.

Frauenschmuck, als Wertmesser diente aber die Gewichtseinheit Gold [1]). Die Fundsch im oberen Nilgebiet verwendeten noch in der ersten Hälfte des 19. Jahrhunderts
Goldringe an Stelle von Münzen [2]).

Wo Metalle selten sind, dienen auch die unedlen zum
Schmuck, selbst das Eisen scheint sich zu Ende der Bronze-
zeit bei den europäischen Völkern zunächst als Ziermetall
eingebürgert zu haben, und die grossen Massen von Messing-
und Kupferdraht, die nach Afrika eingeführt werden, sind
auch nicht für den praktischen Gebrauch bestimmt, sondern
werden fast ausschliesslich zu Schmuck verarbeitet. Vorher
aber kursieren sie in vielen Teilen Afrikas als wirkliches
Geld. Messingdraht besonders am mittleren Kongo und in
Ostafrika, Messingringe bei den Malepa in Transvaal [3])
u. s. w. Eisenkettchen, von einheimischen Schmieden gefertigt, sind bei den Massai in Afrika als Geld im Umlauf [4]).

Was die Edelmetalle betrifft, so kann es keinem Zweifel
unterliegen, dass ihre Verwendbarkeit zu Schmuck und
schmückenden Geräten die Grundlage ihrer Wertschätzung
ist, wozu dann ihre Seltenheit als ergänzende Eigenschaft
hinzutritt. Hält man nicht, auch dem Gelde der europäischen Kulturvölker gegenüber, mit Bewusstsein an dieser
Erkenntnis fest, so verliert man nur zu leicht den sicheren
Boden unter den Füssen und gelangt zu Theorien, die
durch ihre Einfachheit bestechen, aber der gesunden Basis
ermangeln. Das Edelmetallgeld ist kein reines Zeichen-

---

[1]) Lenz, Timbuktu, II, S. 150; Ueber Geld bei Naturvölkern,
S. 27.

[2]) Werne, Reise durch Sennar, S. 41.

[3]) Verhandl. der Berliner Gesellsch. für Anthropologie, 1894,
S. 69; Lenz, Ueber Geld bei Naturvölkern, S. 25.

[4]) Fischer in Mitteil. der Geograph. Gesellschaft Hamburg,
1882 83, S. 49.

geld, sondern gleichzeitig eine kostbare Ware, deren Wert
sich nach Angebot und Nachfrage richtet, denn es verkörpert in sich in seiner entwickelten Form die Verschmelzung des Binnengeldes mit dem Aussengeld, des Wert-
zeichens und Wertbesitzes mit dem Tauschmittel. Die
Völker, die sich der Edelmetalle als Geld bedienen, bilden
überdies eine geschlossene Gruppe, innerhalb deren eine
gewisse konventionelle Einigung über den Geldwert wenigstens vorübergehend zu erzielen ist, die aber nach aussen
hin ihr geprägtes Geld einfach als Ware und Schmuck
geschätzt sieht: da nun ein grosser Teil der Menschheit
gar nicht oder nur unvollkommen das europäische Geldsystem angenommen hat, so ist dieses Verhältnis von
grösster Bedeutung. Dass Ostasien und Indien beständig
grosse Mengen von Silber aufgenommen haben, hat den
Silberpreis lange trotz der starken Produktion auf einer
verhältnismässig bedeutenden Höhe erhalten. Auch andere
Gebiete zogen früher grössere Silbermengen an sich, so
der östliche Sudan [1]).

Die Ursache dieser ungleichen Anziehungen geht ganz
unmittelbar auf die erste und unmittelbarste Wertschätzung
der Edelmetalle zurück, auf die ästhetische. Es bleibt
im Grunde doch Sache des persönlichen oder des Volks-
geschmacks, ob man das Silber oder das Gold lieber zu
Schmuck verwenden will, und wenn im Geldsystem Europas
das Gold den Sieg davon trägt, so verdankt es das selbst
in diesem Falle nicht ganz seiner grösseren Seltenheit,
sondern der herrschenden Geschmacksrichtung. In abge-
legenen Gebieten, die von den Strömungen der europäischen
Kultur wenig berührt werden, kann es vorkommen, dass
die Wertschätzung der beiden Edelmetalle sich geradezu
umkehrt, ja dass Gold vollkommen verschmäht und nur

---

[1]) Burckhardt, Reisen in Nubien, S. 416.

8*

Silber im Handel angenommen und zu Schmuck verarbeitet
wird. Anderswo lässt wenigstens die herkömmliche Neigung des Geschmacks, die das Silber bevorzugt, eine so
rasche und gründliche Entwertung des Silbers nicht zu,
wie sie in den europäischen Kulturstaaten möglich ist, und
infolgedessen bewahren sich diese Gebiete die Fähigkeit,
Silber in verhältnismässig grösserer Menge aufzunehmen
als Gold. Da es sich hier nicht nur um kleine Teile des
Erdballs, sondern um dichtbevölkerte Riesengebiete handelt,
wie Ostasien und Indien, ist natürlich die Rückwirkung
auf den europäischen Geldmarkt höchst beachtenswert.
Auf diese Verhältnisse hat Karl v. Scherzer mit Entschiedenheit hingewiesen. „Da beide Metalle", sagt er[1]),
„abgesehen von ihrer Münzdienstbarkeit, hauptsächlich
doch nur für Luxuszwecke Verwendung finden, so mag
auch der wechselnden Mode ein bestimmender Einfluss
auf die schwankende Tauschkraft zwischen den beiden
Geldrepräsentanten beigemessen werden; ein Einfluss,
welcher namentlich in der um die Währungsfrage ent-
standenen Kampfesaufregung viel zu wenig beachtet zu
werden pflegt. In den frühesten Perioden ihres Gebrauchs
war Silber gesuchter und beliebter (obgleich nicht höher
im Preise) als Gold, und in England bestand bis zur
Restauration der Stuarts das Gesetz, dass Niemand gehalten sein solle, Gold an Zahlungsstatt in einem kleineren
Betrage als 20 Pfd. Sterl. anzunehmen. In unseren Tagen
geben Ostasien, sowie Afrika ebenfalls eine grössere Vorliebe für das minderwertige Metall kund."

Es mag wenigstens an einer kleinen Zahl von Beispielen gezeigt werden, dass thatsächlich noch heute vielfach eine ausgesprochene Vorliebe für das Silber besteht,
obwohl die Wertschätzung des Goldes in manchen Gegen-

---

[1]) Das wirtschaftliche Leben der Völker, S. 662.

den zugenommen hat: in China muss es z. B. früher fast
gar nicht in Umlauf gewesen sein, da noch zur Zeit, als
die Spanier sich der Philippinen bemächtigten, die dortigen
chinesischen Kaufleute überhaupt kein Gold annahmen,
sondern nur Silber[1]), während gegenwärtig auch das Gold
in China Kaufkraft besitzt. In Vorderindien war schon
vor Jahrhunderten, wie noch jetzt, das Silber verhältnismässig höher geschätzt als in Europa[2]). Von den Fulbe
in Futa-Djallon (Westafrika) behauptet Hecquard[3]), dass
sie das Silber dem Golde vorziehen, und selbst in Marokko
wird Gold oft zurückgewiesen und nur Silbergeld angenommen[4]). Das entspricht ganz jener Vorliebe der germanischen Grenzvölker für die römischen Silbermünzen,
von der Tacitus berichtet[5]). In diesen Fällen mag das
zum Teil daraus zu erklären sein, dass die Gefahr, durch
unechte Münzen betrogen zu werden, beim Golde grösser
und bedenklicher ist als beim Silber: aber die Neigung,
gerade Silber zu Schmuck zu verarbeiten, ist unbedingt
von entscheidendem Einfluss. Im ganzen Bereiche des
Islam tritt der Goldschmuck sehr zurück, er muss beim
Gebete stets abgelegt werden, und die wahrhaft Gläubigen
tragen ihn deshalb überhaupt nicht[6]). Die Bedeutung
dieser Geschmacksrichtung für den Preis der Edelmetalle
ist sehr beachtenswert. Immerhin giebt es auch da lokale
Unterschiede: so kommt im westlichen Sudan, obwohl er
den Goldländern der Westküste nahe liegt, Goldschmuck
fast gar nicht vor, in Wadai ist er dagegen häufig[7]).

---

[1]) A. de Morga, The Philippine Islands, p. 340.

[2]) Voyage of François Pyrard to the East Indies, I, p. 235.

[3]) Reise nach Westafrika, S. 236.

[4]) Vgl. z. B. Riley's Schicksale und Reisen in Afrika, S. 295.

[5]) Germania C. 5.

[6]) Niebuhr, Beschreibung von Arabien, S. 65; Burton, Pilgrimage to el Medinah and Meccah, I, p. 34.

[7]) Nachtigal, Sahara und Sudan, III, S. 90.

Wie das gemünzte Geld Europas bei primitiven Völkern
immer zunächst als Schmuck betrachtet oder zu solchem
verarbeitet wird und wie infolge dessen ein grösserer oder
geringerer Teil des umlaufenden Geldes beständig aus
Europa abfliesst und seiner ursprünglichen Bestimmung
entzogen wird, lässt sich ebenfalls an einigen Beispielen
nachweisen. Im Hinterlande von Togo ist das neu eingeführte deutsche Silbergeld zwar vielfach in Zahlung genommen worden, aber es kursiert dann nicht weiter, sondern wird zur Herstellung von Silberschmuck verwendet,
und auch das Nickelgeld ist aus ähnlichen Ursachen alsbald
aus dem Verkehr verschwunden[1]). Lander fand in Nupe
europäische Silbermünzen unmittelbar als Schmuck benutzt,
und in Ostafrika ist das Silbergeld der Deutsch-ostafrika-
nischen Gesellschaft stellenweise zwar in Zahlung genommen, aber alsbald zu Schmuck verarbeitet oder vergraben
worden, während es nur an der Küste wirklich in Umlauf
kam; ebenso werden am unteren Kongo europäische Silbermünzen vielfach in Schmuck verwandelt[2]). Auf Java wird
eine nicht unbedeutende Menge holländischen Silbergeldes
alljährlich zu Schmuck und Ziergeräten umgearbeitet, während man zu Goldsachen nicht gern die hellgelben holländischen Goldstücke nimmt, sondern lieber die rötlichen
englischen[3]). Dasselbe mag von einem grossen Teile des
niederländischen Kolonialbesitzes gelten, auch die Papua
am Mc.-Cluergolf nehmen holländische Münzen gern an

---

[1]) Mitteil. aus den deutschen Schutzgebieten, VI, S. 137 u. 272;
vgl. auch Büttikofer, Liberia, II, S. 89 u. 224.

[2]) Lander, Reise zur Erforschung des Nigers, II, S. 69;
Wagner, Verkehrs- und Handelsverhältnisse in Deutsch-Ostafrika,
S. 51; Lemaire, Africaines, p. 209.

[3]) de Does in Tijdschr. v. Taal-, Land- en Volkenkunde v.
Nederl. Indie, 1892, p. 50.

und fertigen Schmucksachen daraus[1]). Selbst in Persien
verschwindet ein Teil des Metallgeldes aus dem Verkehr,
weil es zu Ziergeräten umgearbeitet wird, und infolge
dessen strömen russische Münzen als Ersatz ins Land[2]).
In Tibet scheint man die indischen Rupien zuerst nur als
Schmuck eingeführt und getragen zu haben, bis man sie
dem häufig verfälschten chinesischen Silber vorziehen lernte
und als eigentliche Münzen im Verkehre umlaufen liess[3]);
auch in Yemen sind die Maria-Theresiathaler nicht nur
das wichtigste Landesgeld, sondern zugleich ein beliebter
Schmuck[4]).

Dass man auch in Europa vielfach Münzen als Schmuck
verwendet hat und hier und da noch immer verwendet,
braucht kaum erwähnt zu werden. Mit der Freude am
Putz verbindet sich dabei oft der Wunsch, möglichst viel
Wertbesitz am Körper zu tragen und sein Vermögen auf
diese Weise beständig unter Aufsicht zu haben. Die mit
Silberschmuck förmlich überladenen indischen Frauen der
ärmeren Klassen legen sich diese Last nicht aus reiner
Eitelkeit auf, sondern zugleich aus Vorsicht; auch die
maurischen Kaufleute tragen nach der Angabe v. Maltzans
stets einen grossen Teil ihres Kapitals in Gestalt von wert-
vollem Schmuck an sich[5]). Diese unproduktive Kapitals-
anlage ist bezeichnend für alle Länder, deren Bevölkerung
in politisch unsicheren Verhältnissen lebt, für den Orient
vor allem; „Bedingung alles Reichtums ist, dass man ihn
flüchten könne", sagt in diesem Sinne Moltke sehr treffend.

---

[1]) v. Schleinitz in Zeitschr. der Gesellsch. für Erdkunde,
Berlin 1874, S. 234.

[2]) Petermann's Mitteilungen, Ergänzungsheft 77, S. 37; Blau,
Kommerzielle Zustände Persiens, S. 114.

[3]) Cooper, Travels of a Pionneer of Commerce, p. 456.

[4]) Burton, Pilgrimage, II, p. 110.

[5]) Drei Jahre im Nordwesten Afrikas, IV, S. 55.

indem er zugleich auf die Vorliebe des Orientalen für
Schmuck hinweist[1]). Auch im mittelalterlichen Europa
herrschte die Neigung, alle Schätze in Form von Schmuck
und Prunkgerät aufzuspeichern und bei Gelegenheit wieder
einzuschmelzen, freilich nur so lange, als die Goldschmiede-
kunst auf einer niedrigen Stufe stand und der Wert der
Form nicht in Betracht kam[2]). Den tragischen Konflikt
zwischen dieser alten Gewohnheit und den Forderungen
der aufstrebenden Kunst, die ihr mühsam vollendetes
Meisterwerk in Kriegesnot erbarmungslos eingeschmolzen
und vernichtet sieht, hat Chamisso dichterisch verklärt.

Wenn auf diese Weise das geprägte Geld aus dem
Verkehr verschwindet, entstehen für den Handel und das
Volksleben überhaupt die bedenklichsten Schwierigkeiten.
In Spanien, das nach der Entdeckung Amerikas von Edelmetallen förmlich überflutet wurde, herrschte trotzdem der
grösste Mangel an kursierendem Gelde, da ein grosser
Teil des Metalls infolge der ungünstigen Handelsbilanz
sofort nach dem Auslande strömte, ein anderer verarbeitet
und in den Häusern der Reichen, in Kirchen und Klöstern
aufgehäuft wurde[3]). Philipp III. erliess daraufhin im Jahre
1600 eine Verordnung, die nicht nur die Ausfuhr des
Metallgeldes verbot, sondern auch befahl, dass alles Gold-
und Silbergerät des Landes eingeliefert und zu Münzen
geschlagen werden sollte; da man natürlich den gewünschten
Erfolg nicht erzielte, suchte man sich ebenso vergeblich
mit der Einführung eines minderwertigen Zeichengeldes
zu helfen[4]).

---

[1]) Briefe über die Türkei, S. 49.

[2]) Lamprecht, Deutsches Wirtschaftsleben im Mittelalter, II,
S. 378.

[3]) A. Soetbeer in Petermann's Mitteilungen, Ergänzungsheft
57, S. 2.

[4]) Brückner, Finanzgeschichtliche Studien, S. 73.

Dass die europäischen Münzen bei primitiven Völkern
verhältnismässig schwer als festes Zahlmittel Eingang finden,
hängt unbedingt mit der Neigung zusammen, die Edelmetalle als Schmuck zu verwenden und die Form, in der
sie im Verkehr umlaufen, als gleichgiltig zu betrachten.
In der That genügt ja nicht nur die Wägung zur genauen
Bestimmung des Wertes, sie ist in gewissem Sinne sogar
unserer Methode, die abgegriffene Münzen als gleichwertig
neben frischgeprägten umlaufen lässt, vorzuziehen: vor
allem aber legt sie die Wertverhältnisse zwischen den
Münzmetallen nicht dauernd fest, sondern bewahrt dem
Gelde besser seine Eigenheit als Tauschmittel und seine
Beweglichkeit und hindert dadurch, dass die Verschiebungen
des Wertes allzu schmerzhaft fühlbar werden. So ist es
auch zu verstehen, warum selbst Kulturvölker sich zuweilen
nur zögernd oder gar nicht zur Einführung gemünzten
Edelmetallgeldes entschlossen haben. Im alten Rom prägte
man nur Silber in nennenswerter Menge aus, das Gold
dagegen, obwohl das Hauptzahlmittel, kursierte in un-
gemünzten Stücken und wurde beim Handel zugewogen
wie irgend eine Ware: China besitzt noch heute nur eine
Scheidemünze aus unedlem Metall, aber keine offiziellen
Gold- und Silbermünzen. Hätte das System nicht den
Nachteil, dass durch das Wägen zwar die Quantität, aber
nicht die Qualität des Metalles festzustellen ist, während
der Münzstempel einer angesehenen Regierung für beides
Bürgschaft leistet, so würde es sich vielleicht noch zäher
behauptet haben.

Legt man keinen Wert auf die Prägung der Münzen,
sondern nur auf die Metallmenge, so erweisen sich die
Geldstücke meist als zu gross, als dass kleine Gewichts-
mengen mit genügender Genauigkeit abgewogen werden
könnten, und man verfällt dann allgemein auf den Ausweg,
sie in kleine unregelmässige Stücke zu teilen. So entsteht

das Hacksilber, das Hauptzahlmittel in vielen Gebieten der Erde, früher auch im östlichen Europa und selbst in Deutschland, soweit Slaven in seinen Grenzen sassen[1]). In China kursiert neben Silberbarren und mexikanischen Dollars eine grosse Menge Hacksilber[2]), westwärts findet es sich bis zu den Grenzen Russlands; auch in Vorderindien fehlte es früher nicht[3]). Ein ganz selbständiges kleines Gebiet des Hacksilbers ist Madagaskar[4]).

Hat man bei primitiven Völkern dagegen die Vorzüge einer bestimmten geprägten Münze einmal erkannt, so hält man daran mit eiserner Beharrlichkeit fest, da eben nur auf der herkömmlich als einzig richtig geltenden Prägung das Vertrauen beruht. Das merkwürdigste Beispiel bietet wohl das Schicksal des Maria-Theresiathalers. Schon bald nach dem ersten Erscheinen der Münze waren einzelne Stücke nach dem Orient und weiterhin nach dem östlichen Sudan gelangt, zunächst wohl nur als Schmuck, wahrscheinlich weil das Brustbild der üppig gebauten Kaiserin dem orientalischen Geschmacke zusagte[5]). Nach und nach hat sich der Thaler in Abessinien, dem östlichen und mittleren Sudan, an der Ostküste Afrikas bis über Sansibar hinaus und im westlichen Arabien verbreitet. Die Einzelheiten des Gepräges sind genau bekannt und werden beim Handel stets beachtet: neue Stücke mit dem alten Gepräge, die namentlich in Wien noch immer massen-

---

[1]) Ueber Hacksilberfunde vgl. u. a. Verhandl. der Berliner Gesellschaft für Anthropologie, 1886, S. 575.

[2]) v. Benko, Schiffsstation in Ostasien, S. 359.

[3]) Voyage of François Pyrard, I, p. 61.

[4]) Sibree, Madagaskar, S. 207; Keller, Reisebilder aus Ostafrika und Madagaskar, S. 166.

[5]) Brown's Reisen in Afrika, S. 339; Baker, Nilzuflüsse, I, S. 162.

haft geschlagen und nach Afrika ausgeführt werden[1]), können vielfach nur an den Mann gebracht werden, wenn man ihnen künstlich ein altes Aussehen giebt. Um kleinere Münzen herzustellen, zerschneidet man den Thaler in regelmässige Stücke, die natürlich nicht wie das Hacksilber gewogen werden[2]). Neuerdings ist die Einfuhr des Thalers in Sansibar und an der ostafrikanischen Küste verboten und die Münze überhaupt so gut wie ausser Kurs gesetzt worden, sodass sie jetzt fast nur noch zum reinen Silberwerte angenommen wird.

Auch andere Silbermünzen haben ein ungeheures Gebiet der Verbreitung gewonnen, vor allem der mexikanische Silberdollar und der spanische Thaler: es hängt das in diesem Falle mit der grossen Silberproduktion der betreffenden Länder zusammen. Neuerdings dringt die indische Rupie nach verschiedenen Seiten vor, u. a. nach Ostafrika und nach Tibet, wo sie deshalb beliebt ist, weil die chinesischen Kaufleute beim Abwägen des Silbers in der schamlosesten Weise zu betrügen pflegen[3]): auch sie wird oft in Stücke geteilt.

Das Gold kursiert bei primitiven Völkern hauptsächlich dort, wo es in grösserer Menge im Lande vorkommt. und zwar, da die Gewinnung meist durch das Waschen des Goldes aus dem Sande der Flüsse und Bäche geschieht. in Gestalt von Staub und Körnern, die beim Handel gewogen werden. Hier und da ist das Gold noch einfach Ware[4]), in der Regel aber tritt es rasch und entschieden

---

[1]) In der ersten Hälfte des Jahres 1896 gingen 6 Millionen Stück über Triest und Neapel nach Afrika (Geograph. Nachrichten, 1896, S. 380).

[2]) Vgl. darüber Andree, Parallelen, I, 226 ff.; Rüppell, Reisen in Nubien, S. 139; Cicalek in Rundschau für Geographie und Statistik, 1888, S. 459.

[3]) Bonvalot, A travers le Tibet inconnu, p. 339.

[4]) Z. B. in Bamako am oberen Niger nach Bayol in Bulletin Soc. Géogr., Paris 1881, p. 147.

in die Reihe der Geldmittel ein; es bewahrt dabei nicht
selten eine gewisse Vornehmheit und wird nicht zum Ankauf grösserer Mengen minderwertiger Waren verwendet,
sondern nur beim Handel um besonders schöne oder kostbare Dinge [1]). Goldstaub als Geld scheint seit alter Zeit
an der Goldküste und in Aschanti üblich zu sein, Gold-
wagen und -gewichte sind dort in besonders interessanter
Form ausgebildet [2]). Ebenso kursiert Goldstaub in Indonesien, China, früher auch im alten Mexiko. Das sogen.
Fetischgold der Goldküste war dagegen in bestimmte
Figuren gegossen, die wohl ursprünglich irgend eine
mystische Bedeutung hatten und somit durch ihre Form
den Wert erhöhten. Das hinderte nicht, dass gerade dieses
Gold stark verfälscht wurde, oder dass man es bei kleineren
Zahlungen in Stücke schlug [3]).

In primitiven Verhältnissen wird das Kupfer unbedingt in die Reihe der Schmuckmetalle zu setzen sein,
wenn auch die nebenbei immer vorkommende Verwendung
zu Nutzgegenständen seine Stellung etwas schwankend
macht und bei den Kulturvölkern die ungeheure Produktion
von Kupfer das Metall ausserordentlich entwertet hat. So
konnte sich z. B. die altrömische Kupferwährung, obwohl
man vom Gewichtsgeld zum gemünzten überging, nicht
auf die Dauer halten; denn je tiefer der Wert des Kupfers
sank, desto grössere Mengen waren natürlich zu Zahlungen
nötig und desto weniger war das Metall als handliches
Tauschmittel zu verwenden. In Afrika dagegen ist ein-
heimisches und fremdes Kupfer in verschiedenen Formen
noch jetzt ein weitverbreitetes Geld; besonders bemerkenswert sind die kreuzförmigen Kupferstücke aus Katanga im

---

[1]) Caillié, Voyage à Temboctou, I, p. 391.
[2]) Ramseyer u. Kühne, Vier Jahre in Asante, S. 272.
[3]) Bosmann, Beschrijving van de Guinese Kust, I, p. 74, 82.

Gewicht von zwei bis drei Pfund. Handa genannt. die in einem grossen Teile des südlichen Kongobeckens als Geld zirkulieren [1]). die Kupferstangen, die nach Lenz am Stanley Pool umlaufen, oder die Kupferringe am mittleren Kongo, an deren Stelle europäische Händler erfolglos verkupferte Eisenringe einzuführen suchten [2]). Bei den Niam-Niam kursierten Kupferringe verschiedener Grösse. die aus Stangenkupfer hergestellt wurden. als Scheidemünze [3]). In Bonny an der Westküste ist neuerdings das dort gebräuchliche Eisengeld. das offenbar zu sehr entwertet war, durch ähnlich geformtes Kupfergeld ersetzt worden. das hauptsächlich aus England stammt, während andererseits die Kupferwährung in Bornu durch den Silberthaler und die Kauri verdrängt worden ist [4]). Die Kupferplatten der Nordwestamerikaner sind in anderem Zusammenhange bereits erwähnt. Kupfergeld in Messerform soll noch jetzt in der Gegend von Peking vorkommen [5]).

Ungefähr dasselbe, was vom Kupfer gilt. lässt sich auch, das Eisen natürlich in der Hauptsache ausgenommen, von den anderen unedlen Metallen sagen, die hier und da als Geld in Verkehr waren oder sind, wie das Zinn, das in Ringform in Dar-For umlief. in Gestalt von Platten im alten Mexiko. zu Münzen geprägt auf Java und in einigen Strichen Vorderindiens [6]). Zinkblättchen kursieren

---

[1]) Cameron, Quer durch Afrika. I, S. 275; Mouvement Géographique, 1895, p. 2.

[2]) Baumann, Handel und Verkehr am Kongo, S. 10.

[3]) Schweinfurth, Im Herzen von Afrika, I, S. 541.

[4]) Andree, I, S. 242; Köler, Notizen über Bonny, S. 139; Nachtigal in Mitteil. der Geograph. Gesellsch., Hamburg 1876/77, S. 315.

[5]) Verhandl. der Berliner Gesellsch. für Anthropologie, 1894, S. 60, 64.

[6]) Andree, I, S. 244; Crawfurd, History of the Indian Archipelago, I, p. 280; Voyage of François Pyrard, I, p. 235 (auch Eisenmünzen erwähnt).

in Kambodja[1]). Bleimünzen in Form von Sternen oder
Blumen in Siam[2]), Zinkmünzen in China. Ueberhaupt
hat man in China und Hinterindien die verschiedenen
unedlen Metalle und ihre Legierungen vielfach zur Herstellung der Scheidemünze verwendet; bei primitiven
Völkern dienen diese Münzen dann wieder nur als
Schmuck[3]).

Anhangsweise und als Gegenstück zur Verwandlung
europäischer Münzen in Schmuck mag erwähnt sein, dass
häufig Münzen der Kulturvölker von unzivilisierten
Stämmen nachgeahmt werden, vielleicht weil man etwas
Geheimnisvolles und Wichtiges in ihnen sieht und den
Sinn ihrer Wertschätzung nicht recht zu erfassen vermag.
Aus dem klassischen Altertum giebt es derartige Barbaren-
münzen in grosser Zahl, namentlich bei den germanischen
Stämmen waren sie häufig, dienten aber nur zum Schmuck,
vielleicht auch als Amulette[4]). In neuerer Zeit sind von
südafrikanischen Eingeborenen englische Münzen in ungeschickter Weise nachgebildet worden[5]); sie kursieren
nicht eigentlich als Geld, sondern dienen „zur Aufbe-
wahrung", sind also mehr wertvolle Kuriositäten, und
werden manchmal von Häuptlingen ihren Anhängern als
Belohnung geschenkt. Auch hier ist es bemerkenswert,
wie das Metallgeld bei primitiven Völkern die Neigung
zeigt, sich zum Schmucke zurückzubilden, aus dem es
entstanden ist.

[1]) Bastian, Siam, S. 213.
[2]) Schlegel im Internat. Archiv für Ethnographie, II, S. 254.
[3]) So bei den Giljaken nach v. Schrenck, Völker des Amurlandes, Ethnogr. Teil, I, S. 594.
[4]) J. H. Müller, Deutsche Münzgeschichte, S. 13, 57; Wor-
saae, Dänemarks Vorzeit, S. 44.
[5]) Verhandl. der Berliner Gesellschaft für Anthropologie, 1889,
S. 30—32.

12

Kleidergeld.

War es schon bei dem aus unedlen Metallen gefertigten Gelde in der Regel zweifelhaft, ob man es unter die Begriffe Schmuckgeld oder Nutzgeld einzureihen hätte, so ist dem Kleidergelde gegenüber dieser Zweifel fast noch mehr berechtigt. Die Kleidung wird nach und nach sehr verschiedenen Zwecken dienstbar gemacht [1]), die freilich nicht alle die Umbildung der Kleiderstoffe zu Zahlungsmitteln begünstigen, von denen aber doch zwei in diesem Sinne sich geltend machen: Indem die Tracht den Körper verhüllt und gegen die Unbilden der Witterung schützt, ist sie hervorragend nützlich und ihre Brauchbarkeit bestimmt ihren Wert; indem sie aber dem Leibe gewissermassen eine neue Oberfläche schafft, deren Anblick angenehm oder hässlich wirken kann, indem aller sonst dem Körper unmittelbar anhaftende Putz sich auf ihr und durch sie darstellen muss, wird sie zum Schmuck und unterliegt nun einer ganz anders gearteten Wertschätzung. Wenn wir die ausserordentliche Bedeutung des Schmuckes für primitive Verhältnisse erwägen, so dürfen wir wohl annehmen, dass die schmückenden Eigenschaften der Kleidung bei ihrer Anwendung als Geld immer mehr oder weniger mitwirken.

---

[1]) Vergl. darüber meine „Grundzüge einer Philosophie der Tracht".

Da indessen die einfachste Art des Kleidergeldes, das Fellgeld, sich bei den Stämmen der kalten Zone am ent-
schiedensten und kenntlichsten entwickelt hat, so tritt in
diesem Falle die Schätzung des praktischen Nutzens unbedingt in den Vordergrund.

Die Verwendung der Felle geschätzter Pelztiere als
Zahlungsmittel hat überall dort einen grossen Aufschwung
genommen, wo der europäische Handel pelzreiche Gebiete
auszubeuten begann, ja vielfach mag das Entstehen des
Fellgeldes erst diesem Handel zuzuschreiben sein. In
Sibirien, wo die Eingeborenen teilweise ihre Abgaben in
Fellen bezahlen müssen [1]), mag das besonders der Fall
sein, aber auch unter den Indianern Nordamerikas ist eine
eigentliche Fellwährung wohl erst durch den Pelzhandel
ins Leben gerufen worden, obwohl Anfänge schon vorher
vorhanden gewesen sein mögen. Bei den nördlichen
Stämmen bildete das Biberfell die Werteinheit, bei den
südlichen das Rakunfell [2]); die Missouristämme hatten ge-
gerbte Büffelhäute, die ihnen wenigstens den Händlern
gegenüber als Wertmesser und Tauschmittel dienten [3]).
Die Nordwestamerikaner, bei denen der Begriff des Geldes
überhaupt höher entwickelt war als bei den übrigen Indianern, betrachteten das Seeotterfell als Werteinheit und
Basis des Reichtums, die Tlinkit auch das Rentierfell [4]).

Pelzgeld war bei den nordeuropäischen Völkern früher in
typischer Form vorhanden, so in Skandinavien und bei den
Russen, die auch, wie schon erwähnt, an Stelle der un-
bequemen grossen Felle ein aus kleinen gestempelten Fell-

---

[1]) Hikisch, Die Tungusen, S. 86.
[2]) Schoolcraft, 30 Years with the Indian Tribes, p. 174;
Weitere Beispiele s. Andree, I, S. 248.
[3]) Tagebuch des Malers F. Kurz, S. 118.
[4]) Niblack, The Indians of the N. W. Coast, p. 334; Krause,
Tlinkit-Ind., S. 189.

stücken bestehendes Zeichengeld in Umlauf setzten. Auf
den Faröer diente das Schaffell gewissermassen als imaginäre Werteinheit, da man wohl darnach rechnete, aber die
Felle nicht in Wirklichkeit kursieren liess [1]).

Wo sich der Einfluss der europäischen Kultur auf
Naturvölker verstärkt, verschwindet oft die alte Pelzkleidung und an ihre Stelle tritt in kälteren Gebieten die
wollene Decke, die dann nicht nur im Tauschhandel verwendet, sondern von den Eingeborenen auch als wert-
vollster Besitz massenhaft aufgespeichert wird. In Nordwestamerika haben die von der Hudsonbay-Kompagnie
eingeführten Wolldecken (Blankets) das Fellgeld verdrängt;
man hat vier verschiedene Sorten, die durch Punkte bezeichnet sind und von denen eine die Werteinheit bildet,
nach der man rechnet [2]). Aehnliche Verhältnisse finden wir
bei den meisten Indianerstämmen der Vereinigten Staaten.

Ein fast ebenso primitiver Kleiderstoff wie das Pelzwerk ist das Rindenzeug, das indessen trotz seiner weiten
Verbreitung nur ganz ausnahmsweise in die Reihe der
Geldmittel einzutreten scheint. In Polynesien übernimmt
zwar die Tappa einen grossen Teil der Aufgaben eines
typischen Binnengeldes, sie wird als Wertbesitz aufgehäuft,
zu Tribut und Strafzahlungen verwendet [3]), aber als Geld
im eigentlichen Sinne möchte sie doch nicht zu bezeichnen
sein: Stuhlmann [4]) berichtet, dass früher in Uganda kleine
Stückchen Rindenstoff als Geld umliefen: Uganda ist ein
Gebiet, in dem die Rindenkleidung ursprünglich vorherrschte,
und da man im stande ist, einzelne Stücke des Stoffes zu

---

[1]) Andersson bei Andree, I, S. 248.
[2]) Niblack, S. 335.
[3]) Vergl. u. a. Mariner, Nachrichten über die Tonga-Inseln,
S. 228, 265; Ellis, Polynesian Researches, II, p. 371.
[4]) Mit Emin Pascha, S. 194.

grösseren zu vereinigen. so kann es sich hier in der That
um ein reines Nutzgeld handeln. Anderseits freilich ist
der Rindenstoff so wenig kostbar. dass man in den kleinen
Stücken eher ein Zeichengeld vermuten könnte. Auch die
aus Palmfasern gewebten Zeugstücke, die früher an der
Loangoküste und am untern Kongo kursierten[1]) und ursprünglich als Nutzgeld gedacht waren. wurden nach und
nach zum Zeichengelde, bis sie ganz aus dem Verkehr ver-
schwanden.

Wo sich eine wirkliche Kleiderindustrie entwickelt und
gewebte Stoffe in grosser Menge hergestellt werden. wie
z. B. in Alt-Mexiko. ist die Grundlage für die Entstehung
eines Kleidergeldes gegeben. Zu den ältesten Geldarten
Chinas gehören kleine Stücke Leinwand- und Seidenstoff
von bestimmter Grösse. die allerdings beide später nicht
mehr unter den Zahlungsmitteln genannt werden; nur in
Tibet gebraucht man noch Baumwollstoffe als Geld. und
zwar sind am gangbarsten die von der chinesischen Zoll-
verwaltung gestempelten. also gewissermassen mit einer
Prägung versehenen Zeugstücke[2]). Im alten Japan erscheinen Kleiderstoffe neben Getreide als regelmässige
Steuerzahlung. wie in Altmexiko. und Geschenke von
Stoffen als Dichterhonorare werden ebenfalls erwähnt; die
Frohnarbeiten wurden durch Abgaben von Tuch und Reis
abgelöst[3]). Ob sich aus diesen Anfängen ein echtes
Kleidergeld entwickelt hat ist allerdings die Frage. Am
kenntlichsten ist gegenwärtig das Kleidergeld im Sudan.
und zwar handelt es sich fast ausschliesslich um Baumwollstoffe einheimischer Arbeit. neben denen auch aus-

---

[1]) Bastian, Loangoküste, I, S. 159.
[2]) Rockhill, Notes on the Ethnology of Tibet, p. 719; Bonvalot, Du Caucase aux Indes, p. 270.
[3]) Florenz, Nihongi, S. 17, 20—22, 52.

nahmsweise das Baumwollgarn auftritt. In Bornu, wo ursprünglich die Kupferwährung herrschte, waren Baumwollstreifen von bestimmter Grösse als Geld eingeführt worden, bis man endlich die Kaurischnecken als Scheidemünze annahm[1]; auch in Fessan waren früher rotgefärbte Baumwollstreifen als Geld in Umlauf[2].

An der westafrikanischen Küste haben selbst Europäer die einheimischen Stoffe vielfach als Tauschmittel und Wertmesser gebraucht, da sie billiger und beliebter waren, als die europäischen Zeuge. Überhaupt zeigen auch hier die Eingeborenen die entschiedene Neigung, an den einmal bekannten Stoffen, über deren Wert sie im Klaren sind, dauernd festzuhalten und ihnen damit eine der Haupteigenschaften des vollkommenen Geldes zu verleihen, den festen Kurswert. Die Mauren im nördlichen Senegambien nehmen z. B. für den Gummi nur den dunkelblauen indischen Kattun (pièces de Guinée) in Zahlung und wissen ihn durch den Geruch von allen Nachahmungen zu unterscheiden[3]. Im mittleren und westlichen Sudan begegnen wir auch der Eigentümlichkeit, dass oft nicht einfach Zeugstücke von bestimmter Grösse umlaufen, sondern gleich fertige Kleidungsstücke, vor allem die hemdartigen „Toben“, die Nationaltracht der islamitischen Bevölkerung. Übrigens kommen bei den Missouri-Indianern selbst Hosen unter den Wertmessern vor, Kriegsmäntel bei den Massai und in Tibet Stiefel.

Die europäischen gewebten Stoffe haben in älterer Zeit in ihrer eigenen Heimat stellenweise als Geld gedient, so u. a. Leinwandstücke auf Rügen, wollene und andre Zeuge in Skandinavien; überhaupt trat in den nordischen Ländern das leicht teilbare Tuchgeld als beliebteste Scheide-

---

[1] Nachtigal, Sahara und Sudan, II, S. 690.
[2] Stüve, Die Handelszüge der Araber, S. 113.
[3] Golberry, Reise durch das westliche Afrika, I, S. 140.

9*

münze neben das Viehgeld. die Elle gewöhnlichen Tuches
bildete eine Art Münzeinheit, zu der die andern Tuchsorten,
das Vieh und die ungeprägten Metallstücke in einem festen
Wertverhältnis standen. Ihre Hauptbedeutung als Wertmesser aber haben die Stoffe europäischer Herkunft erst
bei weniger kultivierten Stämmen erhalten, zu denen sie
durch Handel gelangt sind, vor allem bei den afrikanischen
Naturvölkern. Baumwollstoffe sind das Tauschmittel, das
am seltensten zurückgewiesen wird, wohl besonders deshalb, weil sich in diesem Falle die Begriffe Schmuck- und
Nutzgeld am innigsten vereinigen und sich gegenseitig ver-
stärken. Sowie aber das schmückende Element bei der
Wertschätzung hervortritt, beginnen die launenhaften
Schwankungen der Mode, die sich erst allmählich zur
festeren Form der Sitte umbilden, um so langsamer natürlich, je massenhafter und mannigfaltiger die in das Land
strömenden fremden Stoffe sind. Immerhin zeigt sich, wie
schon bemerkt, überall das Bestreben, bestimmte Zeuge
als feste Wertmesser auszusondern und dem wechselnden
Geschmacksurteil zu entziehen, also ein wirkliches Kleidergeld zu schaffen: in Unyamwesi z. B. sind zwar viele
Arten von Stoffen im Handel, aber als Geld kursiert nur
die „Bombay" genannte Sorte [1]).

In der Tracht vermag sich auch der Rang und die
Bedeutung einer Persönlichkeit auszusprechen. Dieser Zug
scheint bei orientalischen Völkern mit zu der Vorstellung
beigetragen zu haben, dass Kleiderfülle Macht und Reichtum
bedeutet, und wenn in diesem Sinne die Fürsten grosse
Kleidervorräte aufhäuften und ihre Anhänger damit beschenkten, so erteilten sie damit der Tracht einen neuen

---

[1]) Graf Schweinitz, Durch Ostafrika, S. 90. Genaueres über
die ostafrikanischen Geldwerte findet sich bei Dr. H. Wagner, Die
Verkehrs- und Handelsverhältnisse in Deutsch-Ostafrika, S. 50 ff.

Wert und gebrauchten sie als eine Art Geld. In alten armenischen Quellen werden Vorsteher der Magierkleider und der Kleider von Segestân als Hofbeamte genannt[1]), die Bibel erwähnt „Leute, die über das Kleiderhaus waren"[2]), und im Buch Hiob (27, 16) findet sich die Wendung: „Wenn er (der Gottlose) Geld zusammenbringt wie Erde und Kleider wie Lehm, so wird er es wohl bereiten; aber der Gerechte wird es anziehen und der Unschuldige wird das Geld austeilen."

[1]) Spiegel, Erânische Altertumskunde, III, S. 636.
[2]) 2. Könige 10, 22 und 22, 10.

13.

Nutzgeld. Nahrungs- und Genussmittel.

Aus der ganzen Entwickelung des Binnengeldes geht
hervor, dass es nur ausnahmsweise Gegenstände des rein
praktischen Gebrauchs umfassen wird, am allerletzten
aber die unmittelbarsten Bedürfnisse des menschlichen
Daseins, die Nahrungsmittel. Da indessen bei einer folge-
richtigen Fortbildung des Eigentumsbegriffs auch die
Nahrungsstoffe teilweise oder ganz aus dem allgemeinen
Besitz ausscheiden, und da ferner das Aussengeld so gut
wie aus anderen Waren auch aus essbaren Dingen bestehen kann, so ist es erklärlich, dass der grossen Gruppe
des Nutzgeldes auch eine Anzahl Nahrungsmittel angehören. Ihre Zahl würde noch grösser sein, wenn nicht
alle Nahrungsstoffe dem Verderben ausgesetzt und viele
von ihnen recht wenig geeignet wären, im Kleinverkehr
von Hand zu Hand zu gehen, ganz abgesehen von der
unvermeidlichen Verunreinigung, die dabei entsteht, über
die sich aber Kinder und Naturvölker mit grosser Harm-
losigkeit hinwegsetzen. Jedenfalls wohnt den Nahrungsmitteln, wie allem Nutzgeld, ein realer Wert inne, der
unter Umständen auch Angehörige kultivierter Völker es
vorziehen lässt, ihren Besitz in geniessbaren Dingen oder
andern Waren anzulegen, statt das wertlos gewordene
Zeichengeld eines bankerotten Staates aufzubewahren. In

Schweden geschah das bei der Einführung des berüchtigten Zeichengeldes, in Frankreich zur Zeit des Schwind-
lers Law und dann wieder während der französischen
Revolution, als die Assignaten zu Makulatur wurden[1]);
Herr von Grimm, dessen Vertreter zu spät auf das Aus-
kunftsmittel verfiel, erhielt für einige hunderttausend
Franks in Assignaten nichts als eine Brüsseler Spitzen-
krause, wie Goethe berichtet[2]).

In seiner merkwürdigen Abhandlung „Der geschlossene
Handelsstaat" empfiehlt Fichte für seinen sich selbst ge-
nügenden Idealstaat die Einführung eines reinen Zeichengeldes, als Wertmesser aber schlägt er das G e t r e i d e
vor. Er hätte sich darauf berufen können, dass thatsächlich häufig das Getreide in diesem Sinne, aber auch als
wirkliches Verkehrsgeld verwendet worden ist, so ehemals
in Dänemark und anderwärts in Nordeuropa. Vielfach
besteht der Gehalt gewisser Beamten, besonders der Geist-
lichen, noch aus Getreide und andern Nahrungsmitteln,
die erst nach und nach durch Geld abgelöst werden; in
China wieder geht ein grosser Teil der Steuern in Form
von Reis ein, der dann wieder den Beamten als ein Teil
(im vorigen Jahrhundert die Hälfte)[3]) ihrer Bezüge aus-
bezahlt wird.

Vieh und Getreide waren das wichtigste Geldmittel
der Javaner in älterer Zeit[4]). Maiskörner kursierten in
Mexiko als Scheidemünze[5]); Dhurra, die mit der Hand
oder in Gefässen abgemessen wurde, diente in Suakin
und anderwärts im östlichen Sudan als Geld, auch die

---

[1]) Brückner, Finanzgeschichtliche Studien, S. 219—266.
[2]) Annalen oder Tag- und Jahreshefte 1802.
[3]) Mémoires concernant les Chinois, IV, p. 305.
[4]) Crawfurd, History of the Indian Archipelago, I, p. 280.
[5]) Ausland, 1889, S. 392.

Hafenabgaben wurden in Dhurra erhoben[1]). Im Osten
Indonesiens vertritt Sago die Stelle des Getreides und
kommt auch als Zahlungsmittel vor. früher z. B. auf den
Molukken[2]) und noch gegenwärtig am Papua-Golf[3]).

Von Baumfrüchten sind die Datteln zu nennen. die
in Persien und im Somalilande stellenweise die Scheidemünze vertreten[4]), und Walnüsse, die in Tibet nicht selten
als Kleingeld dienen müssen[5]). Nahrungsmittel tierischen
Ursprungs verderben in der Regel noch leichter als pflanz-
liche Produkte. indessen haben sich doch einige vorübergehend als Geldmittel eingebürgert. wie die Stockfische
auf Island, wo sie neben der Elle Stoff den Wertmesser
bildeten[6]), Käse in Lappland, Hühnereier u. dergl.[7]).

Viel häufiger als die Nahrungsmittel werden die
G e n u s s m i t t e l als Geld gebraucht. Im Grunde sind
die auf diese Weise entstehenden Geldsorten kein reines
Nutzgeld. so wenig wie Kleiderstoffe, und gerade daraus
erklärt sich die ungemeine Vorliebe für sie. Wie der
massenhaft aufgespeicherte Schmuck eine endlose Per-
spektive des Vergnügens zu eröffnen scheint. so auch die
in Fülle vorhandenen Genussmittel, die nicht dem blossen
Bedürfnis dienen sollen und deren Besitz deshalb leichter
als ein andrer das Bewusstsein des Reichtums und der
Freiheit erweckt: ein gut bestellter Weinkeller wirkt auf
die Phantasie ganz anders wie ein zehnmal grösserer voll
Kartoffeln und Rüben. So hält sich auch das Genussgeld

---

[1]) Burckhardt, Reisen in Nubien, S. 323, 435, 620, 643, 656.
[2]) d'Argensola, S. 1124.
[3]) Edelfelt in Queensland Branch Roy. Geogr. Soc., VII, p. 14.
[4]) Haggenmacher in Petermann's Mitteil., Ergänzungsh. X,
S. 40.
[5]) Rockhill, Notes, p. 719.
[6]) Zeitschr. des Vereins für Volkskunde, 1896, S. 379.
[7]) Näheres bei Ilwof, Tauschmittel.

in gewissem Sinne mit grosser Zähigkeit oder lebt immer
von neuem auf. Das Wort „Trinkgeld", das jetzt nicht
viel anders bedeutet als eine halbfreiwillige Zahlung für
geleistete Dienste, deutet in seinem Namen schon an, dass
es ursprünglich die Gabe eines wirklichen Getränks ab-
lösen sollte und dass man auch dann noch voraussetzte,
der Beschenkte werde das Geld bald in irgend ein
geistiges Getränk umsetzen. Wie an Stelle des Trink-
geldes neuerdings vielfach die Zigarre getreten ist, dieses
genügend dauerhafte, leicht zu transportierende und fast
stets willkommene Genussmittel, lässt sich überall beobachten. Der Tabak ist denn auch das beliebteste Kleingeld zahlreicher Völker, die mit europäischem Einfluss in
Berührung gekommen sind, so der Stangentabak in der
Südsee, wo er nur auf den Admiralitätsinseln zurückgewiesen wird, und in Australien[1]; afrikanisches Tabak-
geld bildet Schweinfurth ab[2], Tabakbrote kursieren als
Geld auf Nias[3], Tabaksblätter im Hinterlande von Liberia[4].
Wie in den Vereinigten Staaten früher an Stelle des
mangelnden Kleingeldes zuweilen der Tabak trat, der in
Virginien sogar Zwangskurs hatte, ist bei Ilwof (S. 83)
ausführlicher dargestellt.

Ein andres, hauptsächlich von Europäern eingeführtes
Geldmittel ist leider der Branntwein, der besonders in
Westafrika mehr als eine blosse Handelsware darstellt.
An der Loangoküste ist er zusammen mit Baumwollstoffen
das allgemeine Zahlungsmittel; nach Falkenstein[5] kostet

---

[1] Finsch, Ethnolog. Erfahrungen, III, S. 23; Samoafahrten,
S. 58; Deutsches Kolonialblatt, 1893, S. 89; Semon, Im austral.
Busch, S. 357; Lumholtz, Unter Menschenfressern, S. 97.
[2] Artes Africanae, X.
[3] Modigliani, Un viaggio a Nias, p. 148.
[4] Internat. Archiv f. Ethnogr., I, S. 44.
[5] Die Loango-Expedition, II, S. 18,

ein Ei in der Trockenzeit ein ganzes, in der Regenzeit
ein halbes Glas Rum, eine Ziege wird mit 4—6 Stücken
Zeug und 2—3 Flaschen Rum (zu $^3/_4$ Liter) bezahlt.
Uebrigens hat dieser Vorgang eine Parallele in Ostasien:
die Japaner führen den Ainos auf Yeso grosse Mengen
Reisbranntwein zu und verwenden ihn zu allen kleinen
Zahlungen an die Eingeborenen, die kein Metallgeld besitzen dürfen. Die Aino geben dem Branntwein deshalb
die ironische Bezeichnung „offizielle Milch" [1]).

Das noch verderblichere Opium scheint auf Hainan
als Geld zu kursieren [2]). Viel grösser ist das Gebiet des
harmlosen Ziegeltees, der in China hergestellt wird und
in Tibet und der Mongolei zugleich als Genussmittel und
als Geld dient, zu welch letzterem Zwecke man ihn auch
in kleinere Stücke teilt [3]). In Paraguay war zur Zeit, als
die Jesuitenmissionen blühten, der Paraguay-Thee ein
Ersatz des Geldes, mit dem man auch in der Regel die
Steuern bezahlte [4]). Dass Kakaobohnen in vorkolumbischer
Zeit ein beliebtes Kleingeld der Mittelamerikaner waren,
ist schon erwähnt; Betelnüsse in Ostindien, Kolanüsse im
Sudan sind noch als gelegentlicher Ersatz des Geldes zu
nennen. Es ist charakteristisch, dass die Kolanuss auch
da, wo sie nicht eigentlich Geldwert hat, das beliebteste
Geschenk ist, dass sie sich also höchstwahrscheinlich aus
dem Trinkgeld heraus zur echten Scheidemünze entwickelt hat.

Gewürze als Geld scheinen selten vorzukommen, am
häufigsten noch im mittleren Sudan; wo Nachtigal roten
Pfeffer, Kimba, Zwiebeln und Knoblauch die Scheide-

[1]) Batchelor, The Ainu of Japan, p. 29.
[2]) Henry, Ling Nam, S. 399.
[3]) Rockhill, Notes, p. 719; Poschewalsky, Reisen in der
Mongolei, S. 8; Obrutschew, Aus China, I, S. 38.
[4]) Dobrizhoffer, Geschichte der Abiponer, I, S. 140.

münzen vertreten sah; bittere Mandeln als kleinste
Scheidemünze im westlichen Sudan erwähnt Stewart[1].
Nur ein Gewürz bildet eine glänzende Ausnahme, das
Salz. Das Bedürfnis nach Salz ist bei Völkern, deren
Hauptnahrung aus Vegetabilien besteht, also besonders
bei den Negern Afrikas, so gross, dass es den Anlass zu
Wanderungen und Kriegen giebt, und dass man auf alle
mögliche Weise sich Kochsalz oder einen Ersatz dafür
aus der Asche gewisser Pflanzen, selbst aus Rinderkot zu
bereiten sucht[2]. Eine äusserst beliebte Ware ist deshalb
das Salz überall in Afrika, als Geld im eigentlichen Sinne
dient es indessen nur in gewissen Gebieten, vor allem in
Abessinien, wo es in wetzsteinförmigen Stücken in den
Verkehr kommt; ein umgelegter Baststreifen vertritt
gewissermassen die Prägung. Schon Alvarez fand während
seines Aufenthaltes in Abessinien dieses Salzgeld in vielen
Gebieten als Landesmünze, die natürlich, je weiter man
sich vom Produktionsort entfernte, einen um so höheren
Wert gewann[3]; das Salzgeld teilt diese Eigenschaft mit
allem Aussengelde, das aus einem bestimmten Gebiete
stammt und deshalb nur einen gewissen Umkreis beherrscht,
ausserhalb dessen die Transportkosten den Stoff übermässig
verteuern oder der Wettbewerb andrer Produktionsorte
sich geltend macht. Dort, wo bereits ein Salzstein einen
hohen Wort darstellt, hat sich die Redensart eingebürgert
„er isst Salz" statt „er ist reich, lebt von seinem Gelde".
Salzziegel bilden auch im westlichen Sudan und in der
Sahara ein beliebtes Geld; in Sambatikila konnte man für

---

[1] Sahara und Sudan, III, S. 43; Winterbottom, Sierra Leone-
Küste, S. 232.

[2] Vergl. z. B. Barth, Reisen in Afrika, III, S. 41 und 240.

[3] Alvarez, Embassy to Abyssinia, p. 98, 99, 117; Hilde-
brandt in Zeitschrift der Gesellschaft für Erdkunde, Berlin, 10,
S. 28 ff.

30 Stück einen Sklaven kaufen[1]). Auch im Süden von Wadai ist Salz das bevorzugte Tauschmittel[2]). Wetzsteinartige, in Rohr eingeflochtene Salzstücke, den abessinischen sehr ähnlich, werden von den Kissama in Angola als Geld gebraucht. Salz als Wertmesser erwähnt Lenz von den Fan[3]).

Ueber ein im südwestlichen China neben ungeprägtem Golde früher kursierendes Salzgeld berichtet Marco Polo (II. 38) ausführlich. „Man dampfte das Wasser der Soolquellen ab und formte aus dem Salze kleine Kuchen. Auf diese Art Münze wird der Stempel des Kaisers gedrückt und sie darf von keinem andern als von seinen eigenen Beamten bereitet werden. Achtzig Stück gelten einen Saggio Gold. Aber wenn sie von Handelsleuten zu den Einwohnern der Gebirge und nach andern wenig besuchten Gegenden verführt werden, so erhalten sie für sechzig, fünfzig, oder sogar vierzig solcher Salzkuchen einen Saggio, je nachdem sie die Einwohner weniger zivilisiert und von den Städten weiter entfernt finden.“ — Ueber Salzgeld, das zur Entdeckungszeit am karibischen Golfe umlief, berichtet Petrus Martyr[4]).

---

[1]) Caillié, I, S. 466.
[2]) Nachtigal, Sahara und Sudan, III, S. 12.
[3]) Skizzen aus Westafrika, S. 81.
[4]) Peschel-Kirchhoff, Völkerkunde, S. 173.

14.

Eisengeld.

–

Die massenhafte Eisenproduktion der europäischen Kulturvölker hat den Wert des nützlichsten aller Metalle aufs äusserste herabgedrückt, so dass uns der Gedanke, es als Geld zu verwenden, fast grotesk erscheinen muss; bei vielen Naturvölkern ist es dagegen noch selten und kostbar genug, um zu diesem Zwecke brauchbar zu sein, ja es ist ein sehr weit verbreitetes und beliebtes Geld. Das primitive Eisengeld tritt in den verschiedensten Formen auf, die sich indessen leicht in zwei grosse Gruppen einordnen lassen: Die erste Gruppe umfasst alle willkürlich geformten Eisenstücke, also Barren, Stäbe u. dergl., die nur den Metallwert verkörpern und deren Gestalt einigermassen die Prägung vertritt; in der zweiten Gruppe erscheinen die eisernen Geräte, die einem praktischen Zwecke dienen und in dieser Form zugleich als Geld kursieren, so dass die Arbeit des Schmiedes den Metallwert noch erhöht. Da sich diese Gerätschaften leicht wieder in andere Formen bringen lassen, so erweisen sie sich in der That als sehr geeignete Umlaufsmittel, die den eigentlichen Barren vorzuziehen sind. Beide Gruppen des Eisengeldes sind aber trotz der hohen Wertschätzung durchaus dem Nutzgelde zuzurechnen, wenn auch stellenweise der Begriff schwankend wird: die wenigen Vorkommnisse eiserner Schmuckgeldes, die in der Gegenwart noch zu beobachten sind, gehören natürlich nicht hierher.

Afrika ist gegenwärtig das klassische Gebiet des Eisengeldes, doch war es im Altertum auch in Europa vielfach im Umlauf. Der altgriechische ὀβολός war ursprünglich eine Eisenstange (oder Speerspitze?), jedenfalls ein bestimmt geformtes Eisengeld, das schon ziemlich früh durch das Silbergeld verdrängt wurde; nur in dem konservativen, auf Abschluss nach aussen hinstrebenden Sparta wurde es beibehalten, sank aber zum Zeichengeld herab und bildete sich also aus einem ursprünglich weit verbreiteten Zahlmittel zu einem typischen Binnengelde zurück, dessen Nutzwert durch eine besondere Behandlung des Eisens ganz vernichtet wurde [1]). Es erhielt übrigens statt der früheren Form bald die bequemere Scheibengestalt der anderen Münzen. Bei den Briten fand Cäsar Eisen- und Kupferstangen als Geld (de bello Gallico V. 12).

Auf asiatischem Boden kommt Eisengeld in Gestalt länglicher flacher Stäbe noch heute in Kambodja vor. In älterer Zeit wurde auch von der chinesischen Regierung Eisengeld ausgegeben, da es an Kupfer fehlte, indes wurde es durch das handlichere Papiergeld ersetzt [2]). Man stellt diese Eisenmünzen, die übrigens in Tibet noch heute vorkommen [3]), am besten zur Gruppe des Zeichengeldes. Auch im alten Japan kursierten eiserne Münzen, wohl nach chinesischem Vorbilde.

Der ausserordentliche Reichtum Afrikas an Eisenerz mag die Hauptursache sein, dass gerade die Eisenindustrie sich durch fast ganz Afrika verbreitet hat, während so

---

[1]) Mommsen, Geschichte des römischen Münzwesens, S. 169; Plutarch, Lykurgos, IX.

[2]) Journal of the China Branch Roy. Asiat. Soc., 24, p. 126.

[3]) Cooper, Travels of a Pionneer of Commerce, p. 453.

viele andere Kulturkeime in dem sterilen Gebiete ver-
kümmert oder nur krüppelhaft zur Entwickelung gekommen
sind. Indessen sind die Erzschätze nicht gleichmässig verteilt, so dass dem Handel die dankbare Aufgabe zufällt,
das unentbehrliche Metall überallhin zu verbreiten und es
endlich zum Range des Aussengeldes und selbst eines
Geldes im vollen Sinne des Wortes zu erheben. Als Ansatz zur Entwickelung eines Binnengeldes ist es dagegen
zu betrachten, wenn hier und da die zahlreich vorhandenen
Schmiede ihre Steuern in Form von Eisengeräten abzutragen
haben[1]. Die zahllosen Angaben über afrikanisches Eisengeld auch nur anzuführen, geschweige kritisch zu prüfen,
ist hier nicht möglich, aber auch nicht erforderlich, da
kein genaueres Bild der geographischen Verteilung gegeben
werden soll; immerhin mögen die hauptsächlichsten und
am besten beglaubigten Vorkommnisse hervorgehoben sein,
wobei die oben erwähnte Einteilung in zwei Gruppen zu
Grunde zu legen ist.

Rohe Eisenstücke kursierten als Geld in Kordofan,
wie Burckhardt berichtet[2], während nach Rüppel's
Angaben ein von der Regierung ausgegebenes Eisengeld
im Umlauf war, dessen Gestalt einigermassen an die eines
kleinen Ankers erinnerte. Eiserne Stäbe waren die wichtigsten Wertmesser in Senegambien[3], mit dem Ausdruck
„Stab" bezeichnete man die Menge jeder beliebigen Ware,
deren Wert dem eines Eisenstabes entsprach, man sprach
von einem „Stabe Tabak", der zwanzig Rollen enthielt,
und bezeichnete eine Gallone Rum ebenso als einen „Stab
Rum". Hier entwickelte sich also in sehr interessanter
Weise einer jener ursprünglich realen, dann imaginären

---

[1] So in Kaur nach Hecquard, Reise nach Westafrika, S. 143.
[2] Reisen in Nubien, S. 435.
[3] Mungo Parks Reise, S. 32.

Wertmesser, wie sie an anderer Stelle (S. 84) erwähnt worden sind; auch der „Stab“ verlor allmählich, wie die „Barre“ in Sierra Leone, seinen ursprünglichen Sinn und wurde endlich von den europäischen Kaufleuten dem Werte von zwei Schillingen gleichgesetzt. — An der Goldküste war ein anderes Eisengeld in Gebrauch, „eine Art von einer grossen eisernen Nadel mit einem halben Zirkel an dem einen Ende“, das um 1600 ganz allgemein als Scheidemünze umlief[1]. Die Form hatte wohl keinen praktischen Zweck, so wenig wie die hufeisenförmige Gestalt des früher in Bonny gebräuchlichen Eisengeldes. Die Mpong haben längliche, klingenförmige Eisenstücke, die in Bündeln von 8—10 Stück kursieren[2]; daneben giebt es im Gabungebiet noch verschiedene ähnliche Arten des Eisengeldes, so glockenförmige, zu vieren zusammengebundene Eisenstücke (biki) oder in derselben Weise vereinigte schneckenförmige Stückchen (miaha), auch Eisenbarren[3]) und pfeilspitzenähnliche zusammengebundene Eisen, von denen das Bremer Museum eine Probe besitzt; wahrscheinlich meint Lenz diese Art Eisengeld, wenn er von etwa 6 Zoll langen dünnen Stangen spricht, die am oberen Ende mit einer Art Fahne versehen und in Bündeln von 10—20 Stück vereinigt sind. Die Yaunde im Hinterlande von Kamerun gebrauchen kleine, an beiden Enden flachgeklopfte Eisenstäbchen als Geld, hauptsächlich aber zum Weiberkauf[4]. Eisenstäbe von besonderer Grösse kursieren am unteren Kongo.

Einen Uebergang von der ersten zur zweiten Gruppe bilden die merkwürdigen eisernen Spaten der Bongo, deren

[1]) Bibliothek der Geschichte der Menschheit, II, S. 88.

[2]) Wilson, Westafrika, S. 224.

[3]) Bull. Société de Géogr., Paris 1896, p. 339.

[4]) Zenker in Mitteilungen aus den deutschen Schutzgebieten, 8, S. 63.

Gestalt zwar einen ursprünglich praktischen Zweck vermuten lässt, aber teilweise diesem Zwecke doch nicht mehr recht entspricht (besonders die von Schweinfurth und Andree abgebildete Form Loggo Kulluti mit einem ankerartigen Fortsatze). Sie dienen denn auch fast ausschliesslich als Geld und werden von den Reichen massenhaft aufgespeichert [1]). Ganz ähnlich muss es sich mit dem schaufelförmigen Eisengelde verhalten haben, das nach Alvarez in Angote (Abessinien) umlief und trotz seiner Form nur als Zahlungsmittel gebraucht wurde [2]). Das wichtigste Werkzeug des afrikanischen Ackerbaues, die Hacke, ist in vielen Gebieten zum Zahlungsmittel geworden, neben dem natürlich auch andere Geldsorten umlaufen. Wir finden sie als Geld bei den Bari [3]), als Tributzahlung der unterworfenen Stämme an die Makololo in Südafrika [4]), als Zoll erhoben in Ugogo. Die südwestlich vom Victoria-See gefertigten Hacken (Yembes), deren jährlich etwa 150000 Stück auf dem Markte von Tabora erscheinen, werden, wie Sigl [5]) schreibt, „von allen Karawanen als bestes Tauschobjekt zur Beschaffung von Lebensmitteln durch Ugogo und selbst bis nahe zur Küste mitgenommen". Das Hauptumlaufsgebiet der eisernen Hacke aber ist der obere Kongo, insbesondere das Land an den Stanleyfällen und am Lualaba bis zum Albert-See hinüber [6]). Schaufeln,

---

[1]) Schweinfurth, Im Herzen von Afrika, I, S. 306.

[2]) Embassy to Abyssinia, p. 117.

[3]) v. Harnier in Petermann's Mitteil., Ergänzungsh. X, S. 132.

[4]) Livingstone, Missionsreisen, I, S. 236.

[5]) Reichard, Deutsche Geogr. Blätter, 12, S. 152; Deutsches Kolonialblatt, 1892, S. 165.

[6]) Coquilhat, Sur le Haut-Congo, p. 423; Le Congo illustré, 1892, p. 34; Lenz (Ueber Geld bei Naturvölkern, S. 25) spricht von „etwa ½ Schuh langen Spaten oder Aexten", die von den Sklaven der Araber in deren Auftrag hergestellt werden und zum Sklavenkauf dienen. Möglicherweise sind Hacken gemeint.

die ihrem praktischen Zwecke noch nicht entfremdet sind, kursieren dagegen im Hinterlande der Delagoabai, wohin sie früher massenhaft von Europa ausgeführt wurden[1]; eiserne Schaufeln liefen ehemals auch in Calabar an der Westküste als Geld um[2].

Als Waffe endlich ist das Eisen zu bedeutsam, als dass es nicht ebenfalls in diesem Sinne zum Verkehrsmittel werden müsste. Das Wurfeisen war nach Nachtigal's Zeugnis das einzige Geld, das die Heidenstämme Baghirmis beim Getreidehandel annahmen[3]; eiserne Speere (Assegaien) waren ursprünglich das bevorzugte Geld der Kaffernstämme Südafrikas, aber auch in Nordostafrika dienen Lanzenspitzen hier und da als Wertmesser[4]. Die Wasiba am Südwestufer des Victoria-Nyanza verwenden im Aussenhandel Speerspitzen und eiserne Hacken, im Inlande Kauris[5]; es ist das nebenbei ein sehr gutes Beispiel, wie Binnen- und Aussengeld unbeeinflusst nebeneinander bestehen können. Lanzenspitzen kursieren auch bei den Djur am oberen Nil, und am oberen Kongo in der Nähe der Stanleyfälle fand Lenz mächtige Bündel von 1½—2 Fuss langen eisernen Speerspitzen, die einen bestimmten Wert darstellten und als Geld umliefen.

Eiserne Waffen als Geld kommen auch in Indonesien vor. Auf Rotti sind Messer als Zahlungsmittel im Umlauf[6]

---

[1] Joest, Um Afrika, S. 221.

[2] Dapper, Afrikaensche Gewesten, II, S. 135.

[3] Mitteil. der Geogr. Ges. Hamburg, 1876—77, S. 326; Globus, 24, S. 231.

[4] Lichtenstein, Reisen im südl. Afrika, I, S. 456; Paulitschke, Ethnographie Nordost-Afrikas, I, S. 111.

[5] Hermann in Mitteil. aus den deutschen Schutzgebieten, 7, S. 55.

[6] v. Martens in Zeitschrift der Gesellschaft für Erdkunde, Berlin 1889, S. 127.

und auf den Nassau-Inseln bei Sumatra dient die eiserne
Axt, die freilich wie das Messer zugleich ein Werkzeug
friedlicher Thätigkeit ist, als Wertmesser[1]).

Durch die europäische Einfuhr wird hier und da ein
Eisengeld neu geschaffen, das allerdings gewöhnlich nicht
erst zur dauernden Einrichtung wird. Die Wertschätzung
des Bandeisens hat bei den Völkern der Südsee bald
wieder nachgelassen, während man anfangs Alles dafür
kaufen konnte und z. B. auf den Ladronen alle Handels-
geschäfte mit Bandeisen und Nägeln zu erledigen vermochte[2]). Eine gute Zeit für den Handel in Kamtschatka
mag es auch gewesen sein, als die Eingeborenen noch
Eisenstücke als Zeichen höchsten Reichtums auf Stangen
vor ihren Behausungen anbrachten[3]). Nadeln und Nägel
scheinen öfter als Kleingeld in Gebrauch gewesen zu sein,
Nadeln besonders noch in neuerer Zeit am oberen Binnë
und anderwärts in Afrika[4]).

[1]) Crisp in Essays relating to Indo-China, I, p. 72.
[2]) Ant. de Morga, The Philippine Islands, p. 354.
[3]) Steller, Beschreibung von dem Lande Kamtschatka, S. 320.
[4]) R. Lander, Records of Clappertons last expedition to Africa,
I, p. 117.

15

Sonstiges Nutzgeld.

Die Entstehung des Nutzgeldes aus dem Tauschhandel bringt es nun einmal mit sich, dass die Grenzen
zwischen Geld und Ware nie ganz scharf sind, und dass
Um- und Rückbildungen nicht zu den Seltenheiten gehören; eine Ware kann z. B. vorübergehend als wirkliches
Geld dienen, um dann diese Rolle an einen andern Stoff
abzugeben, ohne doch aus dem Handelsverkehr selbst zu
verschwinden. Infolgedessen sind alle Berichte über Nutzgeld mit einer gewissen Vorsicht aufzunehmen, aber
freilich ist eine Kritik nicht immer möglich und eine Ein-
schachtelung in scharf getrennte Kategorien entspricht
überdies, wie mehrfach erwähnt, gar nicht dem Zweck
der vorliegenden kleinen Abhandlung. Eine scharfe Grenze
zwischen einzelnen Erscheinungen besteht, wie gesagt, auf
dem Gebiete der Völkerkunde nicht. und es ist ziemlich
gleichgiltig. unter welchen Begriff wir einen Gegenstand
bringen. sobald wir uns über seine Stelle in der Ent-
wicklungsreihe klar sind. Mit allem Vorbehalt in diesem
Sinne mag noch einiges angeführt sein. was der Bezeichnung „Nutzgeld" in seinem Wesen nahe kommt oder ihr
wirklich entspricht.

Unter den Gegenständen, die der Mensch zuerst als
sein persönliches Eigentum aus der Masse des Gemein-

besitzes aussondert, sind neben den Schmucksachen die
W a f f e n zu nennen, und zweifellos ist es auch in diesem
Falle die auf die Herstellung verwendete Arbeit, die
Schaffung einer neuen, in gewissem Sinne künstlerischen
Form, die den Vorgang hervorruft und verständlich macht;
nicht zu vergessen ist daneben, dass der Mensch gerade
zu seinen Waffen in ein besonders enges Verhältnis tritt.
Aber die Gruppe des Waffengeldes entwickelte sich nicht
in der glänzenden Weise wie die des Schmuckgeldes,
gewiss vor allem deshalb, weil die Waffen im Grunde
doch Gegenstände des praktischen Gebrauches und
dadurch den Eingriffen des Kommunismus allzusehr ausgesetzt sind, und dann wegen ihrer mehr oder weniger
grossen Unhandlichkeit. Die letztere Eigenschaft erklärt
es, dass Waffen hauptsächlich als Wertbesitz und in un-
mittelbarer Folge als Strafzahlung oder Tribut auftreten,
selten aber als das Kleingeld des Verkehrs, der ohnehin
meist in den Händen der waffenunkundigen Weiber liegt.
Für den Germanen der älteren Zeit waren die Waffen,
vor allem die Brünne, der höchste Besitz, mit dessen
Hingabe er die Leibesstrafen abzukaufen oder Weiber und
Sklaven zu erwerben vermochte, der aber kein Gegenstand
alltäglichen Handels sein konnte; ganz dasselbe gilt von
den Griechen Homers. Auch die Mongolen hegten in
ihrer kriegerischen Zeit, als sie die Völker der halben
Welt niederwarfen, diese Anschauungen, ihre Waffen und
ihre Herden waren ihr Reichtum; wiederholt führt das
aus jenen Tagen stammende Gesetzbuch der Kalmücken
als Strafe der Häuptlinge für schwere Vergehen eine Busse
von 100 Panzern, 100 Kameelen und 1000 Pferden an[1]).

---

[1]) Pallas, Historische Nachrichten über die mongolischen
Völkerschaften, 1, S. 196.

Kleine Waffen, die massenhaft verwendet werden, können dagegen wohl einmal als Kleingeld umlaufen, so besonders die Pfeile und Pfeilspitzen. Auf den Banks-Inseln kursierten früher statt der jetzt gebräuchlichen Perlen die zierlich geformten hölzernen Pfeile, und wenigstens als Anfang eines Waffengeldes kann man es bezeichnen, dass die zwerghaften Akka Innerafrikas ihre Frauen für eine gewisse Anzahl Pfeile von den Eltern abkaufen [1]). Steinerne Pfeilspitzen, in denen früher die Mandschurei einen Teil ihres Tributes zu bezahlen hatte, mögen in vorgeschichtlicher Zeit oft die Rolle des Geldes gespielt haben, sind aber jetzt zu sehr von andern Waffen verdrängt, als dass sich dergleichen noch beobachten liesse. Dafür treten dort, wo die europäische Einfuhr sich geltend macht, Schiesspulver, Kugeln und Gewehre gern in die Reihe der primitiven Geldmittel ein, auf Borneo sogar, wie in andrem Zusammenhange schon erwähnt, bronzene Kanonenläufe.

Es lohnt kaum, allen den andern europäischen Plunder aufzuzählen, den die Mode hier und da einmal zu einem beliebten Zahlungsmittel erhoben hat. Erwähnt mag sein, dass in Bonny leere Glasflaschen fast als Kurrentmünze umliefen, mit der man auf dem Markte Lebensmittel und Kunstgegenstände einkaufen konnte [2]); in ähnlicher Weise kommen besonders häufig kleine Glasspiegel, Rasiermesser, Flintensteine u. dergl. vor.

Geschätzte Arzneimittel erscheinen ausnahmsweise auch einmal unter dem kursierenden Gelde. Den bei den Eingeborenen sehr beliebten blauen Vitriol fand Krapf in Usambara als eine Art Münze im Umlauf [3]). Kampher,

---

[1]) Codrington, The Melanesians, p. 327; Casati, Aequatoria, I, S. 150.

[2]) Köler, Notizen über Bonny, S. 139.

[3]) Reisen in Ostafrika, I, S. 165.

dem man überdies magische Kräfte zuschreibt, scheint im
mittleren Sudan stellenweise als Geld gebraucht zu werden,
in Senegambien und dem obern Nigergebiet kommt Ambra
unter den Zahlungsmitteln vor [1] (vgl. übrigens S. 110).

Wachskuchen dienten manchen unkultivierten Stämmen
Indonesiens als Geld, ebenso 'Benzoëkuchen [2]; auch bei
Indianerstämmen am Amazonenstrom war das Wachsgeld
in Gebrauch. Endlich ist das europäische Schreibpapier
zu erwähnen, das im mittleren Sudan als wirkliches Geld
aufzutreten vermag [3], da die Einfuhr nicht gross und der
Verbrauch in den islamitischen Landesteilen ziemlich bedeutend ist.

Dass die Malepa in Transvaal Thongefässe als eine
Art Aussengeld verwenden [4], erinnert an die schon be-
sprochene Sitte der Dayak, ihre Reichtümer in alten, heilig
gehaltenen chinesischen Porzellanvasen anzulegen. Ein
wirkliches kurrentes Geld sind diese grossen Vasen
natürlich nicht, wohl aber erfüllen im südlichen Mindanao
chinesische Porzellannäpfe die Aufgaben eines echten
Geldes, denn sie dienen nicht nur zum Brautkauf und
werden als Zeichen des Reichtums in den Hütten aufgehängt, sondern vertreten auch im Verkehr die Stelle
der Münzen [5].

Ueber die beiden wichtigsten Arten des Nutzgeldes,
Vieh- und Sklavengeld, ist schon an anderer Stelle gesprochen und zugleich darauf hingewiesen, dass sie nicht
ohne weiteres mit den andern in eine Reihe zu stellen
sind. Hier mag erwähnt sein, dass auch andre Tiere als

[1] Caillié, Voyage à Temboctou, I, p. 36.
[2] Crawfurd, Indischer Archipel, I, S. 280.
[3] Nachtigal, Sahara und Sudan, III, S. 36.
[4] Verhandl. der Berliner Gesellsch. für Anthropol., 1894, S. 69.
[5] Schadenberg in Zeitschrift für Ethnologie, 1885, S. 10, 19, 29.

das Herden- und Schlachtvieh als eine Art Geld gebraucht
werden können, z. B. gezähmte Waldvögel bei den
Indianern Guyanas, oder Hühner, die nicht gegessen
werden und also einen rein konventionellen Wert haben,
bei brasilianischen Stämmen [1]).

Durch die Einteilung in Schmuck- und Nutzgeld
gelingt es wenigstens einigermassen, Ordnung in das Chaos
der primitiven Geldarten zu bringen, obwohl dabei immer
zu bedenken ist, dass alles Einpressen in Schablonen dem
eigentlichsten Wesen ethnologischer Erscheinungen durchaus widerspricht; deshalb behalten diese allgemeinen Ueber-
sichten immer etwas Rohes, sie legen nicht die feinen
Wurzeln der Entwickelung dar und würden ganz zu verwerfen sein, wenn nicht ein vorläufiger Ueberblick unbedingt gewonnen werden müsste. Die Ansicht, dass die
Völkerkunde noch jahrzehntelang nichts zu thun habe, als
Stoff zu sammeln und aufzuhäufen, jeder geistigen Durch-
dringung des Gesammelten aber noch mit sorglicher Vorsicht aus dem Wege gehen müsste, ist keinesfalls zu
billigen: wäre das einfache Sammeln so leicht und selbstverständlich, wie es darnach scheinen könnte, dann hätte
der Stoff, der noch immer nicht als Unterlage weiteren
Forschens genügen soll, längst in Ueberfülle zusammengebracht sein müssen. In Wahrheit lehrt uns die theoretische Bearbeitung erst die Probleme kennen und zeigt
den Weg, auf dem sie zu lösen sind, sie stellt die Fragen,
die der reine Empiriker nicht beantwortet, weil er sie
überhaupt nicht kennt. Und so mag denn auch der vorliegende Versuch, so wenig er auch den Gegenstand er-
schöpft, immerhin zur Klarlegung der Probleme dienen.

---

[1]) Ehrenreich im Globus, 62, S. 101.

16

Geldsysteme und Wertverhältnisse.

Ein zusammenfassender Ueberblick über die Geldsorten primitiver Völker in der Art, wie er hier gegeben
worden ist, zeigt zwar manche Verhältnisse in sehr klarem
Lichte, kann aber andererseits leicht den falschen Schluss
hervorrufen, als ob die Zahl der Wertmesser überall
ausserordentlich gross und ihr Verhältnis zu einander
schlecht bestimmt wäre. Es müsste der Vollständigkeit
wegen neben diesen Ueberblick eine Einzelschilderung aller
der Geldsysteme gestellt werden, die bei den verschiedenen
Völkern und Stämmen aus gewissen Arten des Schmuck-
und Nutzgeldes gebildet worden sind; aber das ist freilich
eine Aufgabe, die kaum in einem umfangreichen Werke
zu erledigen wären, abgesehen von der Dürftigkeit und
Unzuverlässigkeit der Litteratur gerade über diese Verhältnisse.

Das Entstehen besonderer interner Geldsysteme wird
überall durch die Neigung begünstigt, auch das Aussengeld zum Binnengeld umzuschaffen und das Geld nicht
etwa, wie man nach den gebräuchlichen Theorien annehmen sollte, zur Erleichterung, sondern eher zur
Hemmung des Aussenhandels zu verwenden. In diesem
Sinne bestand z. B. in Korea ein Verbot, Gold zu graben
oder zu waschen, weil dieses allgemein begehrte Edelmetall den Handel mit dem Ausland in unerwünschter

Weise förderte und belebte, bis man dann endlich mit einer völligen Abschliessung gegen die Aussenwelt endete [1]). In Japan befolgte man lange Zeit ähnliche Grundsätze. Dass in früheren Jahrhunderten jeder Kleinstaat womöglich sein eigenes Geldsystem und sein besondres Schrot und Korn der Münzen erstrebte und noch heute eine allgemeine Münzeinigung nicht zu stande kommen kann, lässt sich ebenfalls auf den Wunsch zurückführen, eine unsichtbare Verkehrsgrenze um das Land zu schaffen und das allzurasche Hin- und Herströmen der Werte zu hindern. Auf demselben Grundsatze beruhte es, wenn Russland früher statt des Geldverkehrs den Tauschhandel an der Grenze begünstigte, damit die Edelmetalle im Lande blieben [2]).

So kommt es denn, dass auch die Tauschmittel des Aussenhandels sich unter das Binnengeld einreihen und ihren Platz in den verschiedenen Systemen erhalten, während anderswo das Binnengeld allein aus sich heraus eine Reihe von Wertmessern schafft, die zur Abschätzung teils kleiner teils grosser Gütermengen zu dienen haben. Die primitiven Geldarten leiden ja noch viel mehr wie die Edelmetalle unter der Schwierigkeit, dass nicht jede Geldsorte für alle Zwecke geeignet ist, dass man mit der einen zwar kleinste Werte ausdrücken, aber der Geringwertigkeit des Stoffes wegen keine grossen Zahlungen leisten kann, während umgekehrt die kostbaren Sorten für den Kleinverkehr untauglich sind. Die Geldsysteme bilden sich hier und da in regelmässiger und logischer Weise aus, in den meisten Fällen aber findet unter den aus verschiedenen Quellen stammenden Wertmessern eine Art Kampf statt, der endlich mit einem Vergleiche endet. Die Abschätzung der Werte erfolgt in sehr verschiedener und oft merk-

---

[1]) Oppert, Ein verschlossenes Land, S. 133, 154, 156.
[2]) Herberstein, Notes upon Russia, I, p. 110.

würdiger Weise: einige Beispiele primitiver Geldsysteme mögen das Gesagte erläutern.

Zwei der verwickeltsten, aber mit grossem Scharfsinn durchgeführten Systeme sind die schon öfter erwähnten der Karolineninsel Yap und der Palau-Inseln, über deren Einzelheiten K u b a r y eingehend berichtet. Die Gruppen der dortigen Geldsorten sind aus sehr verschiedenen Elementen zusammengesetzt, die miteinander in Beziehung gebracht sind, aber wenigstens auf den Palau-Inseln bei ihrer grossen Zahl und den noch künstlich vermehrten Schwierigkeiten der Abschätzung die Entstehung eines einfachen Wertmessers veranlasst haben, als welcher der Korb Taro, also eine bestimmte Menge des Hauptnahrungsmittels erscheint. Unter den Geldarten von Yap ist zunächst ein altes Muschelgeld (Gau) zu nennen, dessen wenige vorhandene Schnüre nicht in den Verkehr gelangen; da man die Schnüre an beiden Enden mit Pottwalzähnen schmückt, so haben auch diese Zähne einen gewissen Wert erlangt, ohne sich zu wirklichem Gelde zu entwickeln. Die zweite Geldsorte besteht aus runden, in der Mitte durchlöcherten Arragonitscheiben, deren Wert nach dem Durchmesser in Handspannen berechnet wird, seit der Einfuhr zahlreicher Stücke durch Europäer aber stark herabgegangen ist; die einfache Abschätzung nach Handspannen und das Vorhandensein grosser und kleiner Stücke ermöglichte eine ziemlich genaue Wertbestimmung, während die Unbeholfenheit dieses Steingeldes seine allgemeine Verwendung im Kleinverkehr hindert. Als Kleingeld im eigentlichen Sinne kursieren Perlmutterschalen, die man auf Fäden reiht; Waren verschiedener Art, also Aussengeld, werden oft bei Zahlungen den eigentlichen Geldsorten ergänzend hinzugefügt. Weit verwickelter ist das System der P a l a u - I n s e l n. Hier sind es alte Perlen und Bruchstücke von Gläsern und gebrannter Erde, die das

Geld bilden, deren Zahl und Mannigfaltigkeit aber bei verhältnismässig geringer Anzahl der ganz gleichartigen Stücke so ausserordentlich gross ist. dass kaum ein klarer Ueberblick gegeben werden kann. Kubary teilt die verschiedenen Arten, die alle ihren eigenen Namen führen, nach der Beschaffenheit des Stoffes in drei Hauptgruppen ein, die dann wieder in Untergruppen zerfallen. Als eigentlicher Wertmesser dient, wie schon erwähnt, nicht eine dieser Geldsorten. sondern der Korb Taro, oder richtiger die Summe von 10 Körben. „Die Eingeborenen,“ sagt Kubary[1]). „haben ein ganz genaues System, eine Skala, deren Ausgangspunkt ein Geldstück ohne Rücksicht auf seine Beschaffenheit ist. wenn damit nur 10 Körbe Taro bezahlt werden können.“ Die Einheit von 10 Körben Taro, deren jeder etwa 60 kleinere oder 30—40 grosse Wurzeln enthalten soll. heisst Mor a kaymó (geht für zehn). und es ergiebt sich dann folgende Skala, die freilich infolge der etwas unbestimmten Ausdrucksweise Kubarys kein ganz klares Bild giebt:

1. Mor a kaymó = 10 Körbe Taro
2. Honiákl ist beinahe das Doppelte von 1. Wenn in vollem Werte, so heisst das Stück Matál Adolóbok (also 2×1)
3. Adolóbok ist der Summe der beiden vorhergehenden gleich (also 3×1)
4. Matál a kluk ist wieder um einen Mor a kaymó höher (also 4×1)
5. Kluk ist die Summe des Matál a kluk und des Adolóbok gleich (also 7×1)
6. Eket a kelkúl ist ein Stück im Werte von mehr als einem Kluk bis zwei Kluks
7. Kalebúkul ist bis 5 Kluks wert.

Wie man sieht, ist die Abmessung nach der Wert-

[1]) Ethnogr. Beiträge, S. 8.

einheit von zehn Körben Taro nur auf den untersten Stufen systematisch durchgeführt, und auch da lässt die offenbar den Anschauungen der Eingeborenen entsprechende Ausdrucksweise K u b a r y s erkennen, dass man in Wirklichkeit nicht die Einheit multipliziert, sondern durch einfache Addition niederer Werte die höheren gewinnt. Zur Verdeutlichung dieser Berechnungsart mag ein Wertsystem aus einem andern Gebiete der Erde dienen, das noch besser zeigt, wie eine anscheinend vorhandene Werteinheit nicht durchgehend benutzt wird, sondern nur als Ausgangspunkt eines wunderlichen Additionssystems dient. Bei den Indianern des Missourigebietes war zur Zeit, als B. K u r z in ihrem Lande verweilte, das Messer der kleinste Berechnungswert, das darauf gegründete System aber folgendes [1]):

2 Messer = 1 Paar Hosen
2 Messer und 1 Paar Hosen = 1 Decke
2 Messer, 1 Paar Hosen und 1 Decke = 1 Flinte
die vorigen und 1 Flinte = 1 Pferd
die vorigen und 1 Pferd = 1 Lederzelt
die vorigen und 1 Lederzelt = 1 Weib.

Verhältnismässig einheitlich ist die Währung in dem Teile Neubritanniens, wo das Diwarra genannte Muschelgeld kursiert [2]). Das auf Schnüren gereihte Geld wird gemessen, und zwar an den Armen; das Mass von der Spitze des Zeigefingers bis zum Ellbogen heisst A turoaië, das von der Fingerspitze bis zur Schulter A wiloai, die volle Klafterweite eines Mannes A pokorno oder parani (vom englischen fathom, Faden). Ein Schwein kostete im Jahre 1881 6—9 Faden, die Busse für die Ermordung eines gewöhnlichen Mannes betrug 50 Faden, für 20 Stück Tabak erhielt man einen Faden. Die Eingeborenen sehen

---

[1]) Tagebuch des Malers F r i e d r i c h K u r z, S. 116.
[2]) Vgl. F i n s c h, Ethnolog. Erfahrungen, I, 94.

es charakteristischer Weise nicht gern, wenn Europäer Diwarra an sich bringen und dadurch die Menge des vorhandenen Binnengeldes vermindern, und so hat sich aus dem Tauschhandel eine Art Aussengeld entwickelt, das besonders in der Gestalt des Rollentabaks erscheint.

Weniger genau bekannt sind die Verhältnisse auf den Salomonen, wo sehr interessante Formen des Binnengeldes neben einander vorkommen. Codrington[1] erwähnt nur, dass auf Florida ein Hundezahn im Werte 5 Delphinzähnen entspricht, auf San Cristoval dagegen nur 1—2 der letzteren aufwiegt. Das Federgeld von Santa Cruz wird in Stücken von etwa 15 Fuss Länge aufbewahrt, kürzere Stücke dienen als Kleingeld, auch das Muschelgeld von Florida wird in Schnüre von bestimmter Länge abgeteilt, 6 Schnüre heissen ein Rongo, 10 Rongos ein Isa, und zwar scheint rotes und weisses Muschelgeld ohne Unterschied nebeneinander gebraucht zu werden. Anders auf Ysabel nach Coote[2], der folgende Tabelle giebt:

10 Kokosnüsse = 1 Schnur weisses Muschelgeld oder 1 Stück Tabak

10 Schnüre weisses Muschelgeld = 1 Schnur rotes Muschelgeld oder 1 Hundezahn

10 Schnüre rotes Muschelgeld = 1 „Isa" oder 50 Delphinzähne

10 Isas = 1 gutgewachsenes Weib

1 Marmorring (bakiha) = 1 Kopf (bei den Kopfjägern) oder 1 sehr gutes Schwein, oder ein mittelgrosser junger Mann.

Die Tabelle, über deren einzelne Werte weiter vorne nachzuschlagen ist, zeigt in sehr interessanter Weise, wie man den beliebtesten einheimischen Nutzwert, die Kokos-

---

[1] The Melanesians, p. 325.
[2] The Western, Pacific, p. 146.

muss, und das als Aussengeld eingedrungene Stück Tabak
in eine sehr einfache Beziehung zum kleinsten Werte des
Binnengeldes gesetzt hat, wobei offenbar keine peinliche
Abschätzung von Arbeit, Herstellungszeit u. s. w. statt-
gefunden hat, sondern die Leichtigkeit der Berechnung
nach den zehn Fingern massgebend war. Auch der
Kulturmensch strebt ja nach Abrundung der Werte und
Einfachheit der Rechnung auf Kosten der Genauigkeit, wie
neuerdings das Verschwinden des Kupfergeldes in den
grössern norddeutschen Städten zeigt. Im übrigen ist
Cootes Aufstellung nicht ganz klar, namentlich erläutert
er den Ausdruck „Isa" nicht; wahrscheinlich bezeichnet
das Wort [wie auf Florida eine grössere Anzahl Schnüre
weisses Muschelgeld, in diesem Falle wohl 100 Stück.
Das grosse Geld, bakiha, scheint zu den Kleingeldsorten
in keine bestimmte Beziehung gesetzt zu sein.

Diese Trennung zwischen [grossen und kleinen Wertmessern kommt auch sonst vor. Mollien[1]) giebt eine
kleine Werttabelle von Bondu im westlichen Sudan, die
ebenfalls zwei Gruppen zeigt:

1 Sklave = 1 Doppelflinte und 2 Flaschen Pulver
5 Ochsen
= 100 Stück Zeug
1 Schnur Glasperlen = 1 Kürbisflasche voll Wasser
= 1 Mass Milch
= 1 Arm voll Heu
2 Schnüre Glasperlen = 1 Mass Hirse.

Wenn hier der Sklave als fest bestimmter Wert
erscheint, so gilt diese Eigenschaft natürlich nur von
normal entwickelten Sklaven jugendlichen Alters und
männlichen Geschlechts. Im ganzen eignet sich der Sklave
schlecht zum Wertmesser, da natürlich die Unterschiede

---

[1]) Reise nach dem Innern von Afrika, S. 198.

nicht nur des äusseren Ansehens, des Geschlechts und
Alters, sondern auch der Herkunft, der Bildsamkeit u. s. w.
die mannigfaltigsten Abstufungen bedingen; zum Teil hier-
aus erklärt sich jenes Entstehen imaginärer Wertmesser,
das in den westafrikanischen Gebieten ehemaligen Sklaven-
handels zu beobachten ist und bereits S. 84 erwähnt wurde.

Ein gut durchgebildetes kleines Geldsystem findet
sich bei den Balis im Hinterlande von Kamerun. Hier
ist die Münzeinheit das Brass, ein Messingreifen, der aus-
gezogen die Länge von 1 Yard engl. hat, und das Verhältnis dieser grossen Münze zum Perlenkleingeld und
den Hauptlebensmitteln war 1893 folgendes:

1 Brass = 1 Hand voll kleiner Perlen
   = 20 grosse Perlen
   = 1 Huhn
   = 2 Bund Planten
   = 10 Eier.

In Nyuti besteht dagegen eine Zeug- und Tabak-
währung, ein Ei kostete 1893 ein Blatt Tabak, ein Huhn
4—5 Blatt. eine Ziege 3 Faden Zeug. Bei den Banyangs
entsprach 1 Blatt Tabak dem Werte von 3 Eiern, 8 Mais-
kolben, 1 grossen Yam oder 1 Schale Erdnüsse; eine
Ziege kostete 5—6 Faden, ein Schwein 4—5 Faden Baum-
wollzeug [1]).

Vielleicht kein Gebiet der Erde könnte über die Versuche, in einem grossen und wirtschaftlich sehr verschieden
entwickelten Gebiete feste Wertverhältnisse zu schaffen.
so ausgezeichneten Aufschluss geben wie China, dessen
Geldgeschichte, soweit sie von Nichtsinologen übersehen
werden kann, von den merkwürdigsten Experimenten und
Wandlungen zu berichten weiss. Hoffentlich wendet sich
bald einmal ein Berufener diesem anziehenden Stoffe zu!

---

[1]) Deutsches Kolonialblatt, 1893, S. 34 u. 35.

17

Anthropogeographische Fragen. Ethnographische Zonen.

Es wird immer ein vergeblicher Versuch bleiben, die sociologischen und wirtschaftlichen Probleme von dem Boden zu lösen, auf dem sie erwachsen sind, und mit den Begriffen zu spielen wie mit Bausteinen oder Kartenblättern; zäh und fest wie die Bäume des Waldes wurzeln die Thatsachen des wirtschaftlichen Lebens in der mütterlichen Erde, und wer sie mit schneidiger Axt von der heimatlichen Scholle scheidet, trägt nur einen Teil des ganzen Organismus davon und versteht die lebendigen Kräfte nicht, die ihn geschaffen und erhalten haben, ihn aber, wie alles Lebende, endlich verlassen und dem Untergange weihen. Auch wer die Geschichte des Geldes zu erforschen sucht, wird also den anthropogeographischen Problemen nicht ganz aus dem Wege gehen dürfen, die sich an diese Geschichte knüpfen; er wird sie flüchtiger prüfen als die rein sociologischen, deren Ergründung sein Hauptzweck ist, aber er muss sich doch klar darüber sein, inwiefern die grossen Streitfragen der vergleichenden Völkerkunde sich mit seinen Forschungen berühren.

Die wichtigste dieser Streitfragen, die sich bei jeder einzelnen Erscheinung der menschlichen Kultur wiederholt, wird immer die sein, ob ein Kulturbesitztum an Ort und Stelle erwachsen oder ob es durch Wanderung und Verkehr der Völker aus anderen Gebieten übertragen worden ist. Es hatte eine Zeit lang den Anschein, als ob sich aus dieser natürlichsten aller Fragen ein Gegensatz der Schulen herausbilden sollte, als ob eine Gruppe von Forschern immer und überall für selbständige Entstehung, eine andere — da Einseitigkeit wieder Einseitigkeit hervorruft — mit gleichem Fanatismus für die Entlehnung eintreten wollte. Auf die Dauer musste dieser künstliche Gegensatz an seinem eigenen Widersinn zu Grunde gehen; die Thatsachen der Entlehnung sind allenthalben so massenhaft zu beobachten, dass es einfach unmöglich war, sie völlig zu verkennen, und die Vertreter der Entlehnungstheorie wieder müssen doch zum mindesten zugestehen, dass jeder Kulturfortschritt wenigstens einmal und irgendwo zuerst selbständig ins Leben getreten ist und dass gleiche Bedürfnisse zu gleicher Handlungsweise führen, auch ohne dass jedesmal ein Vorbild vorhanden sein muss. So ergiebt sich denn endlich die einzig richtige Methode, jeden einzelnen Fall vorurteilslos zu prüfen und die rein sociologische Untersuchungsart mit der anthropogeographischen fruchtbringend zu verbinden.

In unserem Falle wird die Frage aufzuwerfen sein, wie sich die verschiedenen primitiven Geldarten ihrer Entstehung nach zueinander verhalten; jede einzelne der zahllosen Formen zu prüfen ist natürlich nicht möglich, aber wenigstens die wichtigeren verdienen wohl, dass wir sie in diesem Sinne ins Auge fassen, denn es ist von vornherein zu vermuten, dass dabei auch für die soziologischen Probleme einiger Gewinn abfällt. Am besten erlangt man einen vorläufigen Ueberblick durch die von mir an anderer Stelle[1]) bereits vorgeschlagene Bildung ethnographischer

---

[1]) Vgl. Das Augenornament (Abhandl. der phil.-histor. Klasse der Kgl. sächs. Gesellsch. der Wissensch., 1895. S. 95) und Internat. Archiv für Ethnographie, IX, S. 249.

Zonen, d. h. Zusammenstellung der Gebiete, in denen gleichartige Formen vorkommen; von diesem Boden aus ist es dann möglich, den Ursachen dieser Gleichartigkeit nachzugehen, ohne dass ein bestimmtes Vorurteil den Gang der Untersuchung beeinflusst.

Von besonderer Wichtigkeit unter den Formen primitiver Geldmittel sind die verschiedenen Arten des Muschelgeldes, deren jede ihre Zone der Verbreitung besitzt. Da ist vor allem die Zone der Kauriwährung, die besonders deshalb den Blick anzieht, weil hier ein unwiderlegliches Beispiel der Entlehnung und der Ausbreitung durch Handel und Verkehr gegeben ist, das zugleich in seinen Einzelzügen in ausgezeichneter Weise erkennen lässt, wie derartige Zonen sich bald erweitern, bald verkleinern, und wie aus Resten und Spuren aller Art die ehemalige Ausdehnung des Gebietes zu rekonstruieren ist. So kann die Kaurizone, deren geschichtliche Entwickelung verhältnismässig klar liegt, zugleich ein Licht auf jene Gebiete werfen, deren Zustände wir ausschliesslich aus den Thatsachen der Gegenwart erschliessen müssen.

Ein solches schwierigeres Gebiet ist die Zone des melanesisch-mikronesischen Muschelgeldes. Die Sitte, aus Muschelschalen kleine Scheibchen zu schleifen, diese zu durchbohren und an Schnüren aufgereiht als Schmuck und Geld zu verwenden, findet sich in Neupommern und Neumecklenburg, auf den Salomonen und Neuen Hebriden, im nördlichen und östlichen Neuguinea, ferner auf den Karolinen, den Marschall- und Gilbert-Inseln, in vereinzelten Spuren auch im östlichen malayischen Archipel, sowie auf Fidschi, in älterer Zeit endlich auf den Ladronen. Dass nicht überall dieselben Muscheln verwendet werden [1]),

---

[1]) Vgl. darüber Dr. Schmeltz, Schnecken und Muscheln im Leben der Völker Indonesiens und Oceaniens, Leiden 1894.

*11

dass die Technik der Herstellung nicht überall die gleiche ist und dass endlich die Schnüre bald nur als Schmuck, bald als Schmuck und Geld zugleich dienen, kommt der Hauptsache gegenüber nicht wesentlich in Betracht, und wir sind sonach wohl berechtigt, diese geographisch einander ohnehin so nahen Gebiete als ethnographische Zone zusammenzufassen. Wie erkärt sich nun diese Gleichartigkeit? Um eine auf rein natürlichen Ursachen beruhende Zone, wie es etwa die der Pelzkleidung in den Polarländern ist, handelt es sich offenbar nicht; Schnecken und Muscheln finden sich überall, und gerade die Thatsache, dass nicht der Stoff gemeinsam ist, nicht eine bestimmte, nur in den Meeren des Gebietes vorkommende Muschel benutzt wird, sondern dass die Gleichmässigkeit in der Art der Verwendung beruht, schliesst den Gedanken an einfache tiergeographische Grundlagen der Erscheinung aus. Es bleibt demnach, falls wir nicht an eine rein zufällige Erfindung des Muschelgeldes auf den verschiedenen Inseln denken wollen, also an einen höchst unwahrscheinlichen Vorgang, nichts weiter übrig, als Entlehnung anzunehmen und damit das Muschelgeld in jene grosse Gruppe von anderen Erscheinungen ethnographischer und linguistischer Art einzureihen, die auf ehemalige lebhaftere Beziehungen zwischen den malayischen, mikronesischen und melanesischen Gebieten hindeuten. Manche Einzelheiten bestätigen diese Vermutung. So ist das auf Yap vorkommende alte Muschelgeld dem ehemals auf den Ladronen gebräuchlichen gleich, das der Gilbert-Inseln findet sich in seiner charakteristischen Form auf Neupommern, den Neuen Hebriden, den Marschall-Inseln und Karolinen wieder, neupommersche Geldarten erscheinen auf dem Festlande von Neuguinea. Aber wenn wir nun auch erwarten dürfen, dass die Erfindung des Muschelgeldes von einer bestimmten Stelle ausgeht, so ist damit über die Art der Verbreitung noch keine Klarheit geschaffen. Dürfen wir annehmen, dass ehemals ein lebhafter Handels- oder Wanderverkehr im westlichen Stillen Ozean bestand und dass damals die Muschelschnüre, die sich irgendwo als Binnengeld ausgebildet haben mochten, das gemeinsame, dem Binnenverkehr wie dem Zwischenhandel dienende Geld einer grösseren Kulturgemeinschaft waren, bis sich diese Gemeinschaft löste und die Währung sich überall zum typischen Binnengelde zurückbildete? Oder ist dieses Bild nur ein scheinbares und ist erst ganz allmählich und im Laufe langer Zeiträume die Kenntnis des Muschelgeldes und anderer Kulturbesitztümer von Insel zu Insel gewissermassen durchgesickert, ohne dass von einem gemeinsamen Kulturbewusstsein die Rede sein kann und ohne dass also das Muschelgeld in grösserem Massstabe dem Aussenhandel gedient hat? Vielleicht ist ein Kompromiss zwischen beiden Anschauungen das beste, auf jeden Fall aber erkennen wir, dass es nur mit Vorbehalt richtig ist, die melanesischen und mikronesischen Geldsysteme als schlechthin urwüchsige Bildungen anzusehen.

Die Zone des amerikanischen Muschelgeldes, die ausserordentlich lückenhaft ist, aber von der Nordwestküste einerseits, den östlichen Vereinigten Staaten andererseits bis zum nördlichen Südamerika hinabreicht, deutet trotz ihrer Zerrissenheit vielleicht auch auf alten Zusammenhang, für den es ja an anderen Parallelen nicht fehlt. Wer sich weiter in das Meer der Hypothesen hinauswagen will, kann auch einen Zusammenhang zwischen mikronesischem, altchinesischem und nordwestamerikanischem Muschelgelde suchen, der seine Stütze in einigen anderen Thatsachen nordpacifischer Kulturgemeinschaft fände, vor allem in der Verbreitung der Stäbchenpanzer [1]: doch ist es nicht ge-

---

[1] F. Ratzel, Anthropogeographie, II. S. 677.

raten, den schmalen Boden, auf dem wir stehen, zu himmel-
stürmenden Kombinationen zu benutzen, und namentlich
ist zu bedenken, dass die Formen des nordwestamerikanischen Muschelgeldes mit denen des mikronesischen und
melanesischen wenig Aehnlichkeit haben.

In eine ganz andere Welt von Anschauungen werden
wir versetzt, wenn wir uns jener merkwürdigen Zone des
Nutzgeldes zuwenden, der die meisten Gebiete des afrikanischen Sudans angehören, vor allem jene, in denen noch
nicht durch Einführung der Kauriwährung festere Verhältnisse geschaffen sind. In ganz anderem Sinne als beim
pacifischen Muschelgelde ist hier der Handelsverkehr in
Verbindung mit staatlicher Zerrissenheit die Ursache der
herrschenden Zustände, die keiner in so treffender Weise
geschildert hat wie Nachtigal. Alle kleinen selbständigen
Gebiete zeigen nämlich das Bestreben, ein Binnengeld zu
schaffen, müssen aber andererseits dem lebhaften Handelsverkehr Rechnung tragen, und so kommt es, dass man
überall aus den gebräuchlichen Handelsgegenständen einige
als Geld aussondert, alle anderen dagegen nur als Waren
betrachtet; man hat also eine Art Mittelding zwischen
Binnen- und Aussengeld, ohne doch eine wirkliche Verschmelzung zu vollziehen, und schafft auf diese Weise für
den Grosshandel ausserordentliche Schwierigkeiten. Das
Gemeinsame der ganzen Zone liegt eben in diesem Vorwalten des Nutzgeldes. Ueber die mannigfachen Geldsurrogate schreibt Nachtigal[1]: „Selbst schon innerhalb
der Sudanstaaten, wo Religion und Sitte nivellierend ein-
gewirkt haben, ändern sich fern von den Hauptmarkt-
plätzen die Tauschmittel für die einzelnen Ortschaften er-
heblich. Hier verlangt man Baumwollenstreifen, dort

----

[1] Mitteilungen der Geograph. Gesellsch. in Hamburg 1876—77,
S. 325.

Tabak. Salz oder Pfeffer, dort Sandel- oder andere Riech-
hölzer, hier Zwiebeln, dort Papier. Hier sind Kaurimuscheln
als Schmuckgegenstände erwünscht, aber wenn sie über
oder unter einer bestimmten Grösse sind oder wenn sie,
wie die meisten der als Münze gebräuchlichen, durchbohrt
sind, würde man keine handvoll Getreide für sie erhandeln
können, während sie anderenfalls den hundertfachen Wert
jener erreichen. Dort sind Glas- und Thonperlen die gangbarsten Werte, doch muss man genau Grösse. Zeichnung
und Form kennen, widrigenfalls sie wertlos sind. Hier
giebt jeder Bogen Papier ein Huhn, doch würde man für
denselben keinen anderen Gegenstand kaufen können. In
Darfur konnte man bei meiner Durchreise Schafe nur für
Bernsteinperlen kaufen, aber der Handel zerschlug sich,
wenn dieselben durchsichtig, nicht milchig waren". Nichts
beweist besser als diese Schilderung, dass aus reinem
Aussengelde, namentlich wenn es überdies der Gruppe des
Nutzgeldes angehört, niemals eine befriedigende Währung
entstehen kann, dass sich diese vielmehr am besten auf
der Grundlage eines soliden Binnengeldes aufbaut, das
seinen Wirkungskreis nach aussen hin erweitert. Eine
plötzliche Ueberflutung mit der betreffenden zum Gelde
erhobenen Ware kann jedes der kleinen, wirr empor-
geschossenen sudanesischen Geldsysteme jederzeit in völlige
Verwirrung bringen. Wie mühselig der Grosshandel sich
mit diesen kleinlichen Verhältnissen abzufinden hat, schildert Nachtigal ebenfalls sehr anschaulich. „Von den
eingeführten Waren geringeren Wertes", sagt er[1]). „wird
ein Teil en gros an die Krämer und Hausierer verkauft,
welche auf den Marktplätzen und in den Provinzen den
Detailverkauf besorgen; ein anderer Teil, besonders der
auf den grossen Marktplätzen gangbaren Gegenstände,

---

[1]) a. a. O. S. 314.

bleibt in den Händen des fremden Kaufmanns zur Bestreitung seiner täglichen Lebensbedürfnisse. Stellen diese aber gewissermassen die Scheidemünze des Marktes dar, so tauscht sie der Kaufmann allmählich gegen diejenigen grösseren Marktwerte um, welche ihm die an die Küste zu exportierenden Waren geben. So verkaufen sie kleine Packete Nadeln, einzelne Bogen Papier, Schnürchen, Glas- und Thonperlen, Stückchen Bernstein und Koralle, sei es gegen Muscheln, wie sie im Westen als Scheidemünze gebräuchlich sind, sei es gegen Baumwollstreifen, wie sie in den östlichen Ländern vorwalten, und verwandeln diese wieder allmählich in Maria Theresia-Thaler oder Stücke Baumwollenzeug, mittels deren sie endlich Sklaven, Elfenbein und Straussenfedern kaufen. Die verschiedenen Stadien dieses Umtausches sind oft höchst mühsam und zeitraubend."

So haben wir also im Sudan eine Zone der Verworrenheit, die aber doch in der Bevorzugung des Nutzgeldes und den dadurch geschaffenen Zuständen eine gewisse Gleichartigkeit zeigt. Es ist klar, dass hier ganz andere anthropogeographische Momente wirksam sind, als etwa bei der Entstehung des ozeanischen Muschelgeldgebietes.

Die wirren Verhältnisse im Sudan machen es auch erklärlich, dass die Zone der Kauriwährung sich im Sudan ausbreitet und dass andererseits durch massenhafte Einfuhr des Maria Theresia-Thalers ein Anschluss an die Zone der europäischen Währung vorbereitet wird.

Wieder in anderem Sinne ist die Zone des afrikanischen Eisengeldes aufzufassen. Sie beruht zunächst auf natürlichen Bedingungen, nämlich dem Eisenreichtum Afrikas, dann aber zum guten Teil auf dem Bestehen des afrikanischen Hackbaues, der eine noch lebhaftere Nachfrage nach Eisenwaren erzeugt als der Krieg: dass besonders Hacken und Schaufeln als Geld auftreten, spricht deutlich genug.

Ueber die merkwürdige Zone alten Perlengeldes, die eine gründlichere Untersuchung wohl verdiente, ist bereits einiges bemerkt. Zum Schlusse aber mag auf die geldlosen Zonen der Erde hingewiesen sein, zu denen der grösste Teil Südamerikas, Polynesien, das Festland von Australien und einige kleinere Gebiete gehören. Besonders seltsam berührt es, dass Polynesien, dessen Nachbargebiete primitive Geldarten und vor allem das Muschelgeld kennen, zwar allerlei unvollkommene Anfänge, Verkörperungen des Wertbesitzes u. dergl. aufweist, aber fast nichts, was mit einigem Rechte als Geld bezeichnet werden dürfte. Das entspricht mancher anderen Thatsache, die auf eine Verkümmerung oder doch sehr einseitige Entwickelung der Kultur in Polynesien deutet; der Armut des Gebietes entsprechen negative ethnographische Zonen.

18

Geld und Ware. Schluss.

Blicken wir zurück auf die zahllosen Keime und Anfänge des Geldwesens, so wird es wohl klar, dass jede
scharfe Begriffsdefinition für diese Dinge unmöglich, unzu-
reichend und infolgedessen irreführend sein würde; selbst
die Einteilung in Schmuck- und Nutzgeld und in weitere
Untergruppen erweist sich als plump und nur für den
raschen Ueberblick unentbehrlich, genau so wie die Be-
zeichnungen Binnen- und Aussengeld nur grosse Sammel-
begriffe mit verschwimmenden Grenzlinien sind.

Die grosse Zahl der dem Aussenhandel entstammenden
Geldarten (darf gegen (die Thatsache nicht blind machen,
dass bei der Entwickelung der Menschheit im ganzen doch
das Binnengeld, das nicht den Bedürfnissen des Handels,
sondern gesellschaftlicher Notwendigkeit entspringt, sieg-
reich bleibt und nur die wichtigsten Eigentümlichkeiten
des Aussengeldes gewissermassen durch Anpassung mit
erwirbt. Das Geld der Kulturvölker ist ein zur höchsten
Wirksamkeit gebrachtes, in gewissen Grenzen auch dem
Aussenhandel dienendes Binnengeld. Vielleicht wären, da
das Binnengeld aus der Erfüllung sozialer Aufgaben entspringt, das Aussengeld aus dem Tausch und Handel, die
Ausdrücke soziales und kommerziales Geld vorzuziehen,
wenn nicht naheliegende Missverständnisse davon abhielten.

In diesem Sinne fällt nun auch ein Licht auf den alten
Streit, ob das Geld einfach als Ware betrachtet werden
darf, wie das zuerst Say mit Entschiedenheit behauptet
hat, oder ob es eine Stellung für sich einnimmt.

Es ist zunächst klar, dass die Werte, die zur Erfüllung innerer gesellschaftlicher Zwecke beweglich gemacht
werden, nicht als Ware bezeichnet werden können, wenn
anders unter Ware etwas Käufliches und Verkäufliches
zu verstehen ist; das blosse Wechseln des Besitzers
stempelt einen Gegenstand noch nicht zur Ware, sonst
müsste z. B. auch alle Kriegsbeute, das Strandgut u. dergl.
diesen Namen verdienen. Auch der wiederholte Besitz-
wechsel schafft den Begriff der Ware noch nicht. Im
ganzen liegen innerhalb des Stammes die meisten Werte
fest, sie sind unveräusserlich oder wechseln nur ganz
gelegentlich einmal den Eigentümer, infolgedessen aber ist
auch von einer sicheren Werthschätzung gar keine Rede,
geschweige von einer genauen Abmessung der auf die
Herstellung oder Herbeischaffung der Güter verwendeten
Kraft und Zeit: der Wert der Arbeit und Zeit wird von
Naturvölkern am schwersten verstanden. Die rein subjektiven Schätzungen überwiegen, vor allem entscheidet
das Wohlgefallen an bestimmten Formen, das der Einzelne
oder herkömmlicher Weise der ganze Stamm empfindet,
das Urteil andrer, besonders des andern Geschlechts, endlich
der Aberglaube, der allerlei mystische Beziehungen zu
finden sucht. Sind einmal einige Arten von Wertgegen-
ständen zu sozialen Zwecken beweglich gemacht, sind sie
infolgedessen zum Massstabe allen Wertbesitzes überhaupt
geworden, dann können sie auch innerhalb des Stammes
gelegentlich dazu dienen, einen Austausch der Güter anzu-
bahnen und zu erleichtern; aber diese Aufgaben werden
nur in zweiter Reihe übernommen und den kommunistischen
Anschauungen der Urgesellschaft gegenüber erscheint der

Kauf innerhalb des Stammes zunächst als etwas Bedenkliches, ja Frevelhaftes, das erst durch den Einfluss des Aussenhandels gerechtfertigt wird. Dass auf den Karolinen der Binnenhandel des Stammes gar nicht den Zweck hat, die Güter gleichmässig zu verteilen, sondern rein socialen Zwecken dient, ist höchst charakteristisch.

Es ist also nicht zu bezweifeln, dass die Eigenschaft als Ware, die dem Gelde der Kulturvölker nicht abzusprechen ist, erst durch die Vermischung des Binnengeldes mit dem eigentlichen Handels- oder Aussengeld hervorgebracht wird. Wenn wir indessen das Wort Ware gebrauchen, so benutzen wir einen Begriff, der nicht so einfach und selbstverständlich ist wie er scheint und wohl eine nähere Beleuchtung verdient.

Waren sind Werte, aber nicht jeder Wert ist eine Ware, ganz abgesehen von dem Unterschiede zwischen Waren und Immobilien, der hier nicht in Betracht kommt. Kein Gegenstand ist auch zunächst dazu bestimmt, immer Ware zu bleiben: Die Stiefel, die der Schuhmacher in seinen Laden stellt, sind Ware, aber wenn ich sie gekauft habe und trage, sind sie mein festes Eigentum und können nur unter besonderen Umständen wieder einmal zur Ware werden; die Aepfel, die ich von meinem Baume pflücke und verzehre, sind überhaupt niemals Ware gewesen wie die andern, die ich auf den Markt zum Verkauf sende, und auch diese sind, wenn sich erst ein Käufer gefunden hat, nicht mehr Ware. Der Begriff der Ware haftet also nur vorübergehend an den Gegenständen oder soll wenigstens nicht nach dem Willen des Verkäufers dauernd an ihnen haften, wie etwa an einem alten Ladenhüter, den niemand mag. Dass wir dennoch das Wort Ware gern in dem Sinne gebrauchen, als ob es etwas Bestimmtes und Dauerndes bezeichnete, geschieht nur deshalb, weil die Waren des Handels immer aufs neue erzeugt werden, weil an die Stelle der verbrauchten, die Eigenschaft als Ware verlierenden Dinge regelmässig andere derselben Art treten und den Schein der Beständigkeit erwecken. Im sozialen Leben sind ähnliche Begriffe häufig, wie wir denn z. B. von dem Heere irgend eines Staates oder von einem ganzen Volk als etwas Dauerndem reden, während doch die einzelnen Personen, aus denen sich das Ganze zusammensetzt, beständig wechseln und sich erneuern.

Ware heisst also ein beweglich gemachter Wert im Zustande der Beweglichkeit, und zwar ein zum Austausch und Handel bestimmter Wert; eng mit dem Begriffe der Ware verbunden ist zugleich die Vorstellung, dass die Beweglichkeit nicht beständig andauern, sondern in einen Zustand des Beharrens übergehen soll oder durch den völligen Verbrauch beendet wird. Wie verhält sich nun das gemünzte Geld zu dieser Definition? Dass es ursprünglich aus Stoffen besteht, die zur Ware werden können, ist richtig, seine Beweglichkeit ausser Zweifel; was es aber von der Ware scharf unterscheidet, ist die theoretische (wenn auch nicht wirkliche) Unendlichkeit der Bewegung, die vollständige Mobilisation, die um ihrer selbst willen, nicht als Uebergangsstadium vorhanden ist. Diese Mobilisation dient zwar dem Handel, aber sie entspringt nicht notwendig aus ihm, denn die zu sozialen Zwecken dauernd beweglich gemachten Werte, das eigentliche Binnengeld, haben, wie gesagt, mit dem Handel zunächst nichts zu thun, und andererseits sind die Handelswerte als solche wenig geeignet als Geld zu dienen: die zeitliche Begrenztheit des Umlaufs, die jeder Ware notwendig anhaftet, lähmt die Beweglichkeit aller Arten des Nutzgeldes und lässt sie endlich im Wettbewerb mit dem Schmuckgeld unterliegen, – trotz aller Versuche, sie künstlich in Bewegung zu halten, sinken die mobilisierten Nutzgüter immer wieder schwerfällig zu Boden, während

die „ästhetischen Werte", wenn man sie so nennen darf,
das Feld behaupten. Die unübersehbare Masse der verschiedenen Nutzgelder erklärt sich demnach aus den
vergeblichen, aber stets von neuem wiederholten Versuchen,
ein dauernd brauchbares Aussengeld zu schaffen. Endlich
erlangt aber allenthalben das aus Edelmetallen hergestellte
Geld den Sieg, da es besser als alle anderen Werte im
stande ist, dauernd in Bewegung zu bleiben und die
schwerfälligen übrigen Werte, indem es sich zwischen sie
einschiebt, ebenfalls zeitweilig beweglicher zu machen,
etwa in der Weise, wie eine dazwischen gelegte Walze
oder die Räder eines Wagens eine schwere Last leichter
über den Boden dahingleiten lassen.

Die Einführung gemünzten Metallgeldes beendet
übrigens nur scheinbar diese Versuche, alle Werte beweglich zu gestalten. Immer wird der Handelsgeist, der das
Aussengeld schuf, auch weiterhin darnach streben, die fest-
liegenden Güter zu mobilisieren, das Starre in Fluss zu
bringen, das Feste zu unterhöhlen und alle Werte in den
Strom des Austauschs und Handels hineinzuziehen; die
Entstehung des Kreditwesens, der Staatsanleihen, des
Börsenspiels zeigen den beständigen Fortschritt dieser Entwickelung. Dieser die ganze Welt umwogenden Flut gegenüber aber regen sich die Kräfte des sozialen Binnenlebens,
dieselben also, die schon in früheren Perioden der Mensch-
heitsgeschichte im Binnengelde ein dem Aussenhandel
ungünstiges, nur dem inneren Leben des Gesellschafts-
organismus dienendes bewegliches Gut erzeugt und vielfach das Aussengeld rückwärts in ein Binnengeld verwandelt haben. Statt an käufliche Ware und rollendes
Geld den Einzelnen an feste und dauernde Werte, an
Haus und Scholle zu binden, ist das Ziel dieser Kräfte.
Wenn wir diese einander entgegenwirkenden Mächte noch

heute wie ehemals am Werke finden, so dürfen wir das
als den besten Beweis betrachten, dass kein Zufall die
beiden Urformen des Geldes entstehen liess, sondern dass
sie notwendige Folgen jener Gesetze sind, die der Entwickelung der gesamten Menschheit ihre Bahnen vor-
schreiben.

Nachträge.

Da sich der Druck der vorliegenden Abhandlung leider in unerwarteter Weise verzögert hat, möchte ich nachträglich einige Notizen anfügen, die teils neu erschienenen Arbeiten entnommen sind, teils älteren Werken, die ich inzwischen benutzen konnte oder deren Angaben ich übersehen hatte.

An erster Stelle sind die sehr wertvollen Bemerkungen Dr. A. Hahl's über das Muschelgeld des nördlichen Neubritanniens zu nennen, die in den „Nachrichten über Kaiser Wilhelms-Land, 1897" veröffentlicht sind und manche wertvolle Ergänzung zu den Angaben anderer Forscher bieten. Er erwähnt zunächst, dass die Bewohner der Gazella-Halbinsel die zur Bereitung des Geldes dienenden Muscheln auf nicht ungefährlichen Seefahrten vom Süden der Insel holen (S. 71). Das Muschelgeld heisst tabu; das Familienhaupt hat in der Regel alles Geld der Familie in Verwahrung, nur besonders tapfere Krieger (luluai) haben das Recht, ihr Geld selbst aufzubewahren (74). Reiche Männer (uviana) geniessen bedeutenden Einfluss, während ihnen sonst ihr Besitz nicht viel Nutzen schafft: „Trotz der Bestrebungen reich zu werden und zu einer der Würden zu gelangen, kann unter den Genossen von einem Unterschiede in sozialer oder politischer Hinsicht nicht gesprochen werden. Die Wohnung und Nahrung des Aermsten ist genau dieselbe

wie die des Reichsten. Eins hat der Reiche vor dem Armen
voraus: er kann sich im entscheidenden Augenblicke eine
grosse Macht werben, der Arme ist auf den Beistand der
Familie angewiesen." Ein echtes Bild aus einem Ver-
breitungsbezirke typischen Binnengeldes! Immerhin wird
das Muschelgeld, da kein anderer Wertmesser besteht, auch
im Kleinverkehr des Binnenhandels verwendet (71); auch
Kanus sind dafür zu kaufen, der Preis geht von 10 Faden
Tabu (= 25 Mark) an aufwärts (72). Frauen werden für
Tabu gekauft (79), Fischen auf fremdem Gebiet kostet ebenfalls Muschelgeld (84). Zum Teil wird der Umlauf des
Geldes auch durch die herkömmlichen grossen Geschenke
an die Zuschauer von Hochzeiten und Totenfesten erzielt
(79, 85); Sterbende pflegen Tabu an die Anwesenden auszuteilen, offenbar um sich den Weg ins Jenseits zu erleichtern (85). Reiche Leute sind auch als Geister besser
gestellt als die Armen (74). Die Wertverhältnisse im Kleinverkehr des Marktes sind folgende:

1 Dutzend Taro = 1 Spanne Muschelgeld
1 Huhn = ⎫
60 Kokosnüsse ⎬ $1\frac{1}{2}$ Faden „
1 Hahn = 1 „ „

Darlehen, Bürgschaft, Miete und Pacht sind bekannt (84).

In demselben Hefte giebt auch K. Vetter einige wichtige Notizen über die Verhältnisse in Simbang, besonders
bei den Jabim. Hier vertreten die zirkelförmig gekrümmten
Eberhauer und die Fangzähne der Hunde das Geld; 160
bis 200 Hundezähne entsprechen dem Werte eines Eber-
hauers, für zwei Eberhauer kauft man ein Schwein (98).
Die schönsten Eberhauer sind Erbstücke und kommen
überhaupt nicht in den Verkehr. Als Tauschmittel bei
kleineren Käufen dienen Rötel, Glassteine (Obsidian?) zum
Rasieren, Speere, Töpfe und Netze, also (abgesehen vielleicht vom Rötel) reines Nutzgeld. „Doch ist zu beachten,

dass es keine festgesetzten Preise giebt, das Aequivalent ist dem begehrten Gegenstande oft nicht entsprechend. Oft richtet es sich nach dem Besitze und Ansehen des Käufers und dem Verlangen und gerade vorliegendem Bedürfnis des Verkäufers." Es sind dies offenbar Verhältnisse, wie sie dort entstehen müssen, wo der korrigierende Einfluss des Aussenhandels fehlt. Vortrefflich ist die Schilderung der kommunistischen Zustände: „Ein Unterschied von reich und arm existiert nicht, kein Gegensatz verschiedener Stände; nie hat einer Ueberfluss, während sein Nachbar darbt. Daher findet sich auch kein Wort für reich und arm. Allerdings ist der Eine angesehener als Andere, sein Wort wiegt schwerer, und durch seine Hand läuft mehr Wert. Aber sich bereichern, allein seinen Besitz geniessen kann keiner. Wird ein Schwein gekauft, so ist der Anteil dessen, der den Hauptpreis erlegt hat, nicht grösser als dessen, der nur eine Kleinigkeit beisteuerte, ja wer gar nichts dazu beitrug, kann ebensoviel davon essen. Der grösste Ruhm für jenen besteht in dem Zeugnis, dass er alles ausgeteilt habe, sich selber mit Geringfügigem begnüge (96). Geizhals ist ein sehr grosses Schimpfwort (101)."

Ueber kalifornisches Muschelgeld wäre nachzutragen, dass es besonders als Brautpreis dient; bei den Kahrok kostet die Frau $\frac{1}{2}$—2 Schnüre Muschelgeld, bei den Schastika können statt der Muschelschnüre auch Pferde gegeben werden (Powers bei Westermarck, Geschichte der menschl. Ehe, S. 393). — Das Muschelgeld der Bube, „kreisrund geschliffene durchbohrte Muschelplatten" erwähnt auch Baumann (Fernando Póo, S. 83), das Achatina-Muschelgeld Angolas Monteiro (Angola, II. S. 169). Auf Schnüre gereihtes Muschelgeld scheint ursprünglich auch weiter im Innern des Kongogebietes verbreitet gewesen zu sein und sich hier und da als Schmuck gehalten zu haben. Ich verdanke Herrn L. Frobenius in Leipzig eine Probe derartigen Geldes, das aus der Gegend von Pungo an Dongo stammt, gegenwärtig aber nicht mehr allgemein als Wertmesser gebraucht werden soll.

Auch für einige Hinweise auf den Gebrauch der Aggriperlen bin ich Herrn Frobenius zu Dank verpflichtet. Nach der Angabe Loyer's in der Allgemeinen Historie der Reisen, III. S. 457, bedienten sich die Kompas bei Assinie der Aggriperlen statt des Geldes; sie schlugen sie in kleine Stücke, durchbohrten diese mit Hilfe eines Feuersteines und reihten sie auf Grashalme. Aggriperlen aus Loango besitzt das Leipziger Museum. In Yoruba und Dahomeh hält man sie für Erzeugnisse oder Exkremente der Regenbogenschlange — eine anziehende Parallele zum deutschen Märchen von den Regenbogenschüsselchen, den prähistorischen schüsselförmigen Goldmünzen.

Eine Schätzungstabelle der dayakischen Porzellanvasen, die auf dem Prinzip der einfachen Wertverdoppelung beruht, giebt Ling Roth (The Natives of Sarawak, I, p. 112). Die Ausdrücke Jrun, Jabir etc. bezeichnen die verschiedenen Vasenarten, deren sonstige Beschaffenheit hier nicht weiter in betracht kommt.

1 Irun   = 2 Teller
1 Menukul = 2 Iruns
1 Jabir   = 2 Menukuls
1 Panding = 2 Jabirs
1 Alas   = 2 Pandings.

Der Wert eines Tellers, der die Grundeinheit bildet, beträgt 3—4 pence.

In bezug auf Tauschhandel wäre noch die Bemerkung Karls v. d. Steinen (Unter den Naturvölkern Centralbrasiliens, S. 333) anzuführen, dass der Handel am Schingu als „Austausch von Gastgeschenken" zu betrachten ist, während Tausch in unserem Sinne nicht vorkommt.

12*

Bei den Bororó dienen Pfeile nahezu als Geld; sie werden u. a. den Mädchen als Lohn gezahlt, die sich im „Männerhause" gelegentlich den Bedürfnissen der jungen Leute widmen (S. 502, 503).

Dass unser deutsches Wort „Geld" nicht aus dem Handelsverkehr erwachsen ist, sondern auf das Wesen des Binnengeldes zurückführt, zeigt die Angabe Lamprecht's (Deutsche Geschichte, III, S. 18), wonach noch im 10. Jahrhundert „gelt" soviel wie Vergeltung, Ersatz bedeutete, aber nur ausnahmsweise wirkliches Geld bezeichnete.

Ueber Kleidergeld in Persien ist Polack nachzulesen (Persien, I, S. 153—154). Es sind hier die Shawls, die „bei Geschäftstransaktionen fast wie Geld zirkulieren"; als Ehrengeschenke bei Hofe werden sie mit Vorliebe verwendet, und „in jedem guten Hause ist ein Teil des mobilen Vermögens in Shawls angelegt". Selbst als Kleingeld, oft in winzige Stücke zerschnitten, vermag der geschätzte Stoff zu kursieren, da es den geschickten Händen der Perser gelingt, die Stücke in fast unmerklicher Weise wieder zusammenzufügen.

Als Nutzgeld sind noch die Kaffeebohnen zu nennen, die nach Burckhardt (Reisen in Arabien, S. 587) zu seiner Zeit in Medina als Ersatz des Kleingeldes umliefen, und die Kautschukwürfel und Kautschukballen, die in Westafrika seit dem Aufschwung des Kautschukhandels vielfach alle anderen Tauschmittel verdrängt haben. Im Hinterlande von Togo vertreten (nach einer Mitteilung, die ich Herrn Professor O. Schneider in Blasewitz verdanke) Kautschukkugeln vollkommen das Geld und haben die Kauri stellenweise ganz verdrängt; man verwendet zwei Arten von Kugeln von bestimmter Grösse. Kautschukwürfel kursieren jetzt vielfach am mittleren Kongo (Lemaire, Au Congo, S. 113).

Zum Schlusse möchte ich auf die von mir übersehenen Angaben J. Lippert's über Priestertum und Geldwirtschaft hinweisen (Kulturgeschichte, I, S. 33); er hebt besonders hervor. wie durch das Eingreifen der Priester die Wertsachen, die sonst durch den Totenkult vernichtet werden würden, erhalten bleiben und wieder in Umlauf gesetzt werden.

Register.

Druck von Emil Felber in Weimar.